AF298573

EXERCICES GRADUÉS

DE

MÉMOIRE

A L'USAGE DES ÉCOLES PRIMAIRES,

PAR

L. FRÉTILLE,

Directeur de l'École Normale du Gard, auteur de plusieurs Ouvrages élémentaires.

NIMES.

LOUIS GIRAUD, LIBRAIRE,

BOULEVART SAINT-ANTOINE.

—

1855.

EXERCICES GRADUÉS

DE

MÉMOIRE

A L'USAGE DES ÉCOLES PRIMAIRES,

PAR

L. FRÉTILLE,

Directeur de l'École Normale du Gard, auteur de plusieurs Ouvrages élémentaires.

NIMES.

LIBRAIRIE DE GIRAUD, ÉDITEUR,

BOULEVART SAINT-ANTOINE.

—

1855.

Nimes. — Imprimerie BALLIVET,
rue de l'Hôtel-de-Ville, 11.

EXERCICES GRADUÉS

DE MÉMOIRE.

1. Avantages de l'étude.

Pour s'instruire de son devoir,
Il est toujours temps de s'y prendre [1] :
On rougit de ne pas savoir ;
Jamais on ne rougit d'apprendre.

François de Neufchateau.

Le travail , joint à la gaîté ,
Souffre et surmonte toutes choses [2] ;
La nonchalante oisiveté
Se blesse sur un lit de roses [3].

De Bernis.

2. Du mensonge.

Evitez le mensonge avec un soin extrême ;
Si l'on remarque en vous peu de sincérité,
On ne vous croira pas lors même
Que vous direz la vérité.

---

1. C'est-à-dire, on a beau être avancé en âge , il n'est jamais trop tard pour s'instruire de son devoir.

2. C'est-à-dire, ceux qui travaillent gaiment, avec ardeur , viennent aisément à bout de ce qu'ils entreprennent.

3. C'est-à-dire , les paresseux se fatiguent pour la moindre chose.

3. Il faut s'entr'aider.

Aidons-nous mutuellement [1],
La charge des malheurs en sera plus légère ;
Le bien que l'on fait à son frère [2],
Pour le mal que l'on souffre est un soulagement.

FLORIAN.

4. La Renoncule [3] et l'Œillet [4]. (*Fable* [5].)

La renoncule un jour dans un bouquet
Avec l'œillet se trouva réunie ;
Elle eut le lendemain le parfum de l'œillet.
On ne peut que gagner en bonne compagnie.

BÉRENGER (de l'Oratoire).

5. Le Violon cassé. (*Fable.*)

Un jour tombe et se brise un mauvais violon ;
On le ramasse, on le recolle,
Et de mauvais il devient bon.
L'adversité souvent est une heureuse école [6].

THÉVENEAU.

6. Avantage d'un bon cœur. (*Fable.*)

Aglaure s'écriait : « O temps ! je te déteste !
Tout vieillit, grâce, esprit, attraits. »

1. *Mutuellement*, les uns les autres.

2. Au prochain.

3. Fleur printanière, sans odeur.

4. Fleur que son odeur agréable a fait nommer *giroflado* dans certaines localités du Languedoc. — La fleur appelée *giroflée*, en français, ne ressemble nullement à la *giroflado*, si ce n'est pour le parfum.

5. *Fable*, chose feinte, récit inventé pour instruire et amuser. Il y a des fables en vers et en prose.

6. C'est-à-dire , souvent le malheur nous instruit, nous corrige, nous rend meilleurs.

Sa mère lui répond : « Un seul charme nous reste ;
Le bon cœur ne vieillit jamais. »

MOLLEVAUT.

7. Le Lézard et la Tortue [1]. (*Fable.*)

« Pauvre tortue, hélas ! s'écriait le lézard.
— Pourquoi pauvre ? — Quelle misère !
Sans porter ta maison tu ne vas nulle part.
— Charge utile devient légère. »

GUICHARD.

8. Dieu.

C'est Dieu qui fit le monde , et la terre et les cieux ;
C'est lui qui nous a faits; nous sommes sous ses yeux;
C'est lui qui chaque jour soutient notre existence.
Commment payer ses dons ? Par la reconnaissance.

Dieu voit tout, est partout. On a beau se cacher ,
A son œil pénétrant on ne peut se soustraire.
Quand on pèche en secret, ce n'est pas moins pécher ;
A l'éternel Témoin gardons-nous de déplaire.

MOREL DE VINDÉ.

Tout annonce d'un Dieu l'éternelle existence ;
On ne peut le comprendre, on ne peut l'ignorer :
La voix de l'univers annonce sa puissance,
Et la voix de nos cœurs dit qu'il faut l'adorer.

V.....

---

1. Sorte de reptile qui marche fort lentement et dont tout le corps, à la ré
serve de la tête , des pieds et de la queue, est couvert d'une enveloppe fort
dure et le plus souvent garnie d'écailles.

9. Dieu, seul maître de l'univers.

Apprenez que la mer ne reconnaît qu'un maître,
Et ce maître est celui de la terre et des cieux ;
Le plus puissant des rois n'est qu'un homme à ses yeux,
Et l'homme, un vermisseau [1] que sa bonté fit naître.

FLORIAN.

10. Une mère.

Oh ! qui pourrait compter les bienfaits d'une mère ?
A peine nous ouvrons les yeux à la lumière [2],
Que nous recevons d'elle, en respirant le jour,
Les premières leçons de tendresse et d'amour.

LEGOUVÉ.

11. De l'amitié envers ses frères et sœurs.

Combien on doit aimer ses frères et ses sœurs !
Que ces liens sont doux ! Ensemble, dès l'enfance,
Unis par les devoirs, unis par la naissance,
Où trouver des amis et plus sûrs et meilleurs ?

12. De la charité.

N'attendez pas toujours qu'on implore vos soins,
Allez des malheureux prévenir les besoins ;
Et songez qu'un bienfait qui vient sans qu'on l'attende
Fait bien plus de plaisir que celui qu'on demande.

---

1. C'est-à-dire, aux yeux de Dieu, l'homme n'est plus qu'un petit ver de terre.
2. C'est-à-dire, à peine nous naissons.

13. De l'humanité.

Toujours souvenons-nous que c'est l'humanité [1]
Qui sert de premier culte à la Divinité ;
Que c'est en imitant sa bonté paternelle
Que notre encens l'honore et peut monter vers elle.

Ducis.

14. Le jour bien employé.

Quand pour l'humanité [2] le jour n'est point perdu [3],
Le sommeil est plus doux, la nuit est une fête ;
La nuit dépend du jour : un service rendu
Est un doux oreiller pour reposer la tête [4].

15. L'homme, né pour vivre en société.

Ne l'oublions jamais : à la ville, au village,
Le bonheur le plus doux est celui qu'on partage.
Heureux ou malheureux, l'homme a besoin d'autrui ;
Il ne vit qu'à moitié, s'il ne vit que pour lui.

Delille.

16. Les faux amis.

Ainsi que les oiseaux, au retour des frimas [5],
Délaissent à l'envi nos coteaux et nos plaines [6],

1. *Humanité*, bonté, compassion pour les malheurs des autres.

2. Pour les hommes.

3. C'est-à-dire, quand un jour ne se passe pas sans qu'on se rende utile aux autres.

4. Après un service rendu, l'âme éprouve une satisfaction qui rend le sommeil plus doux.

5. Au retour de l'hiver.

6. Certains oiseaux, tels que l'hirondelle, la caille, quittent nos pays à l'approche de l'hiver.

Les prétendus amis, si vous avez des peines,
Loin de les partager, s'éloignent à grands pas.

Guibert.

17. Les conseils.

Ami, mêle tes pleurs aux pleurs des malheureux ;
Ramène en son chemin l'aveugle qui s'égare ;
Offre au vieillard caduc [1] un bras officieux [2] ;
Sois prodigue de soins... De conseils sois avare [3].

18. Avantages d'un gai caractère.

Soyez, mes chers enfants, toujours de bonne humeur ;
La gaîté fait du bien et donne du courage.
L'enfant toujours joyeux en fait mieux son ouvrage ;
Il a bien plus de mal, s'il est triste et boudeur.

19. Avantages de l'assiduité.

Quand vous aurez bien fait votre tâche ordinaire,
Votre esprit en repos sera bien plus heureux.
Afin qu'un plaisir vif accompagne vos jeux,
Soyez contents de vous, n'ayez plus rien à faire.

20. Dangers de la friandise.

Si vous êtes tentés par quelque friandise,
Craignez en succombant [4] de vous faire du mal ;

---

1. Au vieillard cassé, sans force.
2. *Officieux*, obligeant, prompt à rendre service.
5. Les hommes n'aiment pas toujours qu'on leur donne des conseils.
4. En cédant.

Un instant de plaisir peut devenir fatal ,
Et bientôt la douleur punit la gourmandise.

MOLLEVAUT.

21. Dangers du bavardage.]

Ne vous laissez jamais aller au bavardage ;
Ne parlez qu'à propos : quand on parle toujours ,
On ennuie , on déplaît , et, dans son verbiage [1] ,
Pour un mot raisonnable, on tient cent sots discours.

Le même.

22 Il ne faut jamais rapporter.

C'est un bien grand défaut que d'aller rapporter ;
Ne nous permettons pas cette lâche vengeance.
Si l'on nous fait du mal , sachons le supporter ;
Qu'un oubli généreux suive à l'instant l'offense.

23. La modération.

Vivez pour peu d'amis , occupez peu d'espace [2] ,
Faites du bien surtout, formez peu de projets ;
Vos jours seront heureux , et, si ce bonheur passe ,
Il ne vous laissera ni remords , ni regrets.

Mᵐᵉ DESHOULIÈRES.

24. La conscience.

Contre la conscience il n'est point de refuge [3] :
Elle parle en nos cœurs , rien n'étouffe sa voix ;

1. *Verbiage* , abondance de paroles inutiles, vides de sens.

2. *Occuper peu d'espace*, restreindre ses besoins, modérer ses dépenses, mener une vie modeste et retirée.

3. Rien ne peut nous mettre à l'abri des reproches de la conscience.

Et de nos actions elle est tout à la fois
La loi, l'accusateur, le témoin et le juge.

MOREL DE VINDÉ.

25. Les remords.

Du méchant quelquefois la fortune est prospère [1];
Mais son éclat ne doit éblouir ton regard.
Sois sûr qu'au fond du cœur il porte une vipère [2]
Qui le ronge et qui doit l'étouffer tôt ou tard.

FRANÇOIS DE NEUFCHATEAU.

26. Dangers de la grandeur.

Plus on est élevé [3], plus on court de dangers :
Les grands pins sont sujets aux coups de la tempête;
Et la rage des vents brise plutôt le faîte [4]
Des maison de nos rois que des toits des bergers.

RACAN.

27. Le Lièvre et le Passereau. (*Fable.*)

Le lièvre est pris par l'aigle aux serres [5] si cruelles.
« Qu'as-tu fait de tes pieds ? » lui crie un passereau.
Un milan [6] passe, entend et ravit mon oiseau.
L'autre [7], vengé, répond : « Qu'as-tu fait de tes ailes ? »

MME JOLIVEAU.

1. *La fortune est prospère*, c'est-à-dire, le sort est heureux.
2. Le remords.
3. Plus on est élevé en dignité, en fortune, en puissance.
4. La partie la plus élevée.
5. *Serre*, pied des oiseaux de proie.
6. Oiseau de proie.
7. Le lièvre.

28. Le commerce.

Commerce, art bienfaisant, ta vigilance [1] habile,
Répare les refus d'une terre stérile [2].
Changé par tes présents, le lieu le plus ingrat
Paraît aux yeux trompés un fertile climat.

LEMIERRE.

29. Le Berger et la Brebis. (*Fable.*)

« Je vous donne ma laine et vous donne mon lait »,
Disait à son pasteur la brebis. — « Eh ! pécore [3],
Je pourrais vous tuer, cependant l'ai-je fait ?
— J'ai beau payer, dit-elle ; hélas ! je dois encore. »

BENSERADE.

30. L'Enfant monté sur une table. (*Fable.*)

Un enfant s'admirait, monté sur une table :
« Je suis grand, » disait-il. Quelqu'un lui répondit :
  « Descendez, vous serez petit. »

  Quel est l'enfant de cette fable ?
  Le riche qui s'enorgueillit [4] !

BARBE.

31. Le Saule et la Ronce. (*Fable.*)

Le saule dit un jour à la ronce rampante :
  « Aux passants pourquoi t'accrocher ?

1. *Vigilance*, attention que l'on porte avec diligence, avec activité, sur quelqu'un ou sur quelque chose.

2. Grâces au commerce, ceux qui habitent un pays stérile peuvent se procurer aisément tout ce que la terre leur refuse.

3. Terme injurieux. Il se dit d'une personne sotte, stupide.

4. Qui croit avoir plus de mérite que les autres, parce qu'il est riche.

1*

Quel profit , pauvre sotte , en comptes-tu tirer ?
　— Aucun , lui répondit la plante ;
Je ne veux que les déchirer [1]. »

Le Bailly.

32. Les deux Chevaux. (*Fable*.)

« Va labourer , rustaud [2] » , dit au cheval d'Alain
Le cheval de Mondor [3], coursier des plus ingambes [4].
« Pour mon travail , seigneur , montrez moins de
　　Vous lui devez le picotin [5]　　　　　[dédain :
　　Qui soutient l'orgueil de vos jambes ».

Le Filleul des Guerrots.

33. Bonheur de servir Dieu.

Que le Seigneur est bon ! que son joug est aimable !
Heureux qui dès l'enfance en connaît la douceur !
Jeune peuple , accourez à ce maître adorable :
Les biens les plus charmants n'ont rien de comparable
Aux torrents de plaisirs qu'il répand dans le cœur.

Racine.

34. La Fourmi. (*Fable*.)

Sur les cornes d'un bœuf revenant du labour
　　Une fourmi s'était nichée [6] :

1. Les méchants font souvent le mal pour le seul plaisir de le faire.
2. Rustre, grossier.
3. Nom sous lequel on désigne parfois un homme fort riche.
4. Léger , alerte.
5. Petite mesure d'avoine.
6. C'est-à-dire, s'était placée.

«D'où viens-tu? lui cria sa sœur [1],
Et que fais-tu, si haut perchée ?
— D'où je viens ! peux-tu l'ignorer?
Nous venons de labourer. »

VILLIERS.

35. Le Hanneton. (*Fable.*)

Un hanneton frappait l'air de ses ailes ;
La vanité [2] lui monte à la cervelle [3] ;
Le bruit lui plaît, il bourdonne plus fort,
Est-ce assez? Non : toujours nouvel effort ;
Mais rencontrant un mur, notre étourdi chancelle ,
Tombe et trouve la mort.

NIOCHE.

36. Les fleurs et les fruits de l'étude.

A tout jeune écolier, je dis la même chose :
Votre étude, ainsi que la rose,
A son épine et ses ennuis.
Surmontez-les d'abord avec courage ;
Et puis vous aurez l'avantage
D'en recueillir sans peine et les fleurs et les fruits.

REYRE.

37. Le Villageois et le Fromage. (*Fable.*)

Un rustre [4] en son buffet avait mis un fromage ,
Lorsque, par une fente, il aperçut un rat ;

1. *Sa sœur,* une autre fourmi.
2. *Vanité,* amour-propre qui a pour objet des choses frivoles.
3. A la tête.
4. *Rustre,* paysan fort grossier.

Vite il y fait entrer un chat,

Afin d'empêcher le dommage ;

Mais notre Mitis, aux aguets,

Mange le rat d'abord et le fromage après.

Le Bailly.

38. Le Lierre et le Rosier. (*Fable.*)

Un lierre, en serpentant au haut d'une muraille,

Voit un petit rosier, et se rit de sa taille.

L'arbuste lui répond : « Apprends que sans appui

J'ai su m'élever par moi-même ;

Mais toi, dont l'orgueil est extrême,

Tu ramperais encore sans le secours d'autrui. »

Le même.

39. La Râpe et le Pain de sucre. (*Fable.*)

L'intérêt[1] prend parfois l'air de la bienfaisance.

Au pain de sucre, un jour, la râpe, en ma présence,

Disait : « De toi combien j'aime à me rapprocher !

M'accuser est ton habitude[2] ;

Mais, malgré ton ingratitude,

Je veux te caresser. — Non : tu veux m'écorcher.»

Arnault.

40. La Vipère[3] et la Sangsue[4]. (*Fable.*)

«Nous piquons toutes deux, commère,

A la sangsue un jour disait une vipère ;

1. Ce mot signifie ici le sentiment qui nous fait rechercher pour nous-mêmes l'agréable ou l'utile.

2. Le sucre fait du bruit, semble se plaindre quand on le râpe.

3. Serpent venimeux.

4. Sorte de ver aquatique qui suce le sang des parties du corps auxquelles il s'applique.

Et l'homme cependant te recherche et me fuit.
D'où vient cela? — D'où vient? réplique la sangsue;
   C'est que ta piqûre le tue
   Et que la mienne le guérit. »

Le Bailly.

41. Les deux Chiens. (*Fable.*)

Un chien, pendant la pluie, enfoncé dans sa loge ,
S'y tenait clos [1]. Son voisin l'interroge :
« D'où viens que tu te tiens ainsi barricadé?
Cette pluie est si douce et si rafraîchissante !
— Je fus un jour , dit-il, tellement échaudé,
Que de l'eau froide aujourd'hui m'épouvante [2]. »

C. Perrault.

42. La Chandelle et la Lanterne. (*Fable.*)

Une chandelle un jour disait à la lanterne :
« Pourquoi de ton foyer me faire une prison ?
Ton vilain œil-de-bœuf [3] rend ma lumière terne ,
Ouvre-toi, qu'à mon gré j'éclaire l'horizon.»
La lanterne obéit; l'autre qu'y gagne-t-elle?
Bonsoir! un coup de vent a soufflé la chandelle.

Le Bailly,

43. L'Horloge et le Coq du clocher. (*Fable.*)

Certaine horloge un jour dit au coq du clocher :
« Tourner au moindre vent, quelle tête légère !
— Est-ce à toi, répond l'autre, à me le reprocher?

---

1. Enfermé.

2 Quand une chose nous a causé une vive douleur, nous a été fort nuisible,
nous en craignons même l'apparence.

3. Le verre de la lanterne coupé en rond.

Marquer d'où le vent souffle est mon unique affaire.
— C'est agir sans savoir. — Toi-même es dans ce cas.
— Comment? — Tu montres l'heure et tu ne la sais pas. »

Le même.

44. Dieu veille sur nous.

Hé bien ! il est quelqu'un, dans ce monde où nous sommes,
Qui tout le jour aussi marche parmi les hommes,
Servant et consolant à toute heure, en tout lieu ;
Un bon pasteur, qui suit la brebis égarée ;
Un pélerin, qui va de contrée en contrée :
Ce passant, ce pasteur, ce pélerin, c'est Dieu.

V. Hugo.

45. L'Énfant et la Noix. (*Fable.*)

Fanfan vit une noix dans le fond d'une armoire.
   De ce fruit il était friand ;
   Il s'en empare au même instant,
   Comme il est aisé de le croire ;
Mais en cassant la noix, ô fatal accident !
   Mon drôle se casse une dent,
Et la maudite noix se trouve toute noire [1].

Le Bailly.

46. L'Étang [2] et la Rivière. (*Fable.*)

   L'étang, fier de sa nappe d'eau
   Qu'il déployait dans la prairie,
   Traite de fuyard le ruisseau,
   Qui lui fit cette répartie :

1. Toute gâtée.
2. Amas d'eau retenu par une chaussée.

« Oui, fainéant, je fuis ton sort;
Quand je m'éloigne de ma source,
De ce limon où ton eau dort
Je me préserve par ma course. »

Coffin.

47. Le Buisson et la Rose. (*Fable.*)

« Comment ! déjà sur le retour [1],
Ce matin même à peine éclose !
Pauvre fleur ! tu ne vis qu'un jour,
Disait le buisson à la rose.
— Je n'ai pas vécu sans honneur,
Un parfum me métamorphose [2];
Je laisse après moi bonne odeur;
Puis-je regretter quelque chose? »

Le Bailly.

48. Le Hibou et la Tourterelle. (*Fable.*)

Un hibou, parfait égoïste [3],
De tous les oiseaux était fui :
Tous prenaient un air froid et triste
S'ils se rencontraient avec lui.
A la sensible tourterelle
Sa surprise un jour il narra [4].
« C'est votre faute, lui dit-elle,
Aimez, et l'on vous aimera. »

De Fulvi.

---

1. *Être sur le retour*, commencer à vieillir, à perdre de sa vigueur, de son éclat.

2. *Métamorphoser*, transformer.

3. *Égoïste*, celui qui ne vit que pour soi.

4. *Narrer*, raconter.

49. De la vengeance.

Si quelqu'un nous blesse et nous nuit,
Quelque grande que soit l'offense,
Laissons l'espace d'une nuit
Entre l'injure et la vengeance ;
L'aurore à nos yeux rend moins noir
Le mal qu'on nous a fait la veille ;
Et tel qui s'est vengé le soir
En est fâché lorsqu'il s'éveille.

PANARD.

50. L'Orange. (*Fable.*)

Un jeune enfant mordait dans une orange :
« Oh ! s'écria-t-il, en courroux ;
Le maudit fruit ! se peut-il qu'on le mange !
Comme il est aigre ! on le prétend si doux !
— Faux jugement ! lui répondit son père ;
Otez cette écorce légère,
Vous reviendrez de votre erreur. »
Ne jugeons pas toujours sur un dehors trompeur.

51. Le Papillon et le Lis. (*Fable.*)

« Admirez l'azur [1] de mes ailes,
Disait au lis majestueux
Un papillon présomptueux [2] ;
Vit-on jamais couleurs plus vives et plus belles ? »
Le lis lui répondit : « Insecte vil et fier ,

1. *Azur,* belle couleur bleue.
2. *Présomptueux,* orgueilleux.

D'où te vient cet orgueil étrange ?

As-tu donc oublié qu'hier,

Reptile encore obscur [1], tu rampais dans la fange.»

Le Bailly.

52. L'Araignée et le Ver à soie. (*Fable*.)

L'araignée en ces mots raillait [2] le ver à soie :

« Bon Dieu ! que de lenteur dans tout ce que tu fais !

Vois combien peu de temps j'emploie

A tapisser un mur d'innombrables filets.

— Soit, répondit le ver, mais ta toile est fragile [3] ;

Et puis, à quoi sert-elle ? A rien.

Pour moi, mon travail est utile ;

Si je fais peu, je le fais bien. »

Le même.

53. La Souris et la Tortue. (*Fable*.)

Une jeune souris, trottant à l'aventure,

Rencontre une tortue, et lui dit : « Ta maison,

Triste prison,

Doit te faire souvent maudire la nature ;

Vois d'ici mon palais : j'y loge avec le roi !

Notre amphibie [4] alors répond à l'insolente :

— De mon petit réduit [5] je me trouve contente :

Il est à moi. »

Nioche.

1. Tout papillon provient d'une chenille, et la chenille est un insecte rampant.

2. *Railler*, tourner en ridicule.

3. Les fils s'en rompent aisément.

4. *Amphibie*, qui vit sur la terre et dans l'eau. La plupart des tortues sont amphibies.

5. *Réduit*, demeure étroite.

54. Le Renard et les Raisins. (*Fable.*)

Certain renard gascon, d'autres disent normand,
Mourant presque de faim, vit au haut d'une treille
     Des raisins mûrs apparemment [1],
     Et couverts d'une peau vermeille.
Le galant en eût fait volontiers son repas.
     Mais comme il n'y pouvait atteindre :
« Ils sont trop verts, dit-il, et bon pour des gou-
     Fit-il pas mieux que de se plaindre ?   [jats [2]. »

La Fontaine.

55 L'Homme et la Marmotte. (*Fable.*)

La marmotte venait de finir son long somme
     (Sommeil de six mois seulement) [3].
     « N'as-tu pas honte, lui dit l'homme,
     De dormir si profondément ?
     — Tu ne parles que par envie,
Répondit la marmotte, et tu me fais pitié :
J'aime encore mieux dormir la moitié de ma vie
Que d'en perdre en plaisirs, comme toi, la moitié. »

Guichard.

56. L'Aveugle et le Passant.

Un certain étourdi, qui se croyait plaisant
     Parce qu'aux sots il savait plaire,
Rencontrant un aveugle et soudain l'arrêtant,

---

1. C'est-à-dire, qui paraissaient mûrs.
2. *Goujat*, valet de soldat, de maçon.
3. La marmotte reste endormie tout l'hiver.

Aux oreilles va lui criant :   [mière ?»
« Bonhomme , répond-moi , qu'est-ce que la lu-
L'aveugle , homme de sens, lui répond sans colère :
« C'est , je crois, ce qui fait qu'on va sans hésiter ;
Et que , voyant un sot , on le peut éviter. »

DROBECQ.

57. Les anges.

Si quelquefois une sainte louange ,
Pour me flatter, m'a donné le nom d'ange [1] ,
Je veux du moins , tout jeune que je suis ,
Le mériter autant que je le puis ;
Etre soumis, compâtissant , pieux :
N'est-ce point là, mon Dieu, ce qu'il faut faire
Pour ressembler aux anges sur la terre ,
Ou devenir un ange dans les cieux ?

Mme TASTU.

58. Le Singe applaudi. (*Fable.*)

Dans un cercle [2] de ses confrères ,
Un jeune singe , adroit comme on n'en voyait guères,
Fit un très-joli tour : mes singes d'applaudir [3].
    D'aise en sa peau (signe de faible tête)
    L'animal a peine à tenir ;
Il veut recommencer... Il n'est plus qu'une bête.
L'éloge pour le sot est un écueil fatal :
Louez-le de bien faire , aussitôt il fait mal.

GUICHARD.

1. On d t quelquefois que les enfants sont des anges ; qu'ils ressemblent aux anges, à cause de leur innocence.

2. Une réunion .

5. C'est-à-dire, mes singes se hâtèrent d'applaudir.

59. Jupiter [1] et Minos [2]. (*Fable.*)

« Mòn fils , disait un jour Jupiter à Minos,
   Toi , qui juges la race humaine ,
Explique-moi pourquoi l'enfer suffit à peine
Aux nombreux criminels que t'envoie Atropos [3] ?
   Quel est de la vertu le fatal adversaire
Qui corrompt à ce point la faible humanité ?
C'est, je crois, l'intérêt [4]. — L'intérêt ? Non, mon
   — Et qu'est-ce donc ? — L'oisiveté. » [père,

FLORIAN.

60. Le Houx [5]. (*Fable.*)

Par le houx épineux un jeune enfant blessé
A son père en pleurant racontait sa disgrâce :
« Ce maudit arbrisseau , de dards tout hérissé,
Dans ce joli bosquet devrait-il trouver place ?
A quoi cela sert-il ? A piquer les passants ?
— A donner quelquefois des leçons de prudence,
A vous prouver, mon fils, par votre expérience ,
   Qu'il faut s'éloigner des méchants. »

BRESSIER.

1. Les païens croyaient à l'existence d'une foule de dieux, à la tète desquels ils plaçaient Jupiter, comme le plus puissant.

2. Juge des enfers.

3. Selon la mythologie, trois divinités, appelées *Parques*, filaient les destinées des hommes. Atropos, l'une d'elles , coupait le fil avec ses ciseaux.

4. L'appât du gain.

5. Arbuste dont les feuilles sont hérissées de piquants.

61. Les deux Epis. (*Fable.*)

Dépourvu des présents de la blonde Cérès [1],
Un épi [2] vers le ciel levait sa tête altière [3].
Dépositaire heureux des trésors des guérets [4]
Son voisin humblement s'inclinait vers la terre [5].
Un sage, non loin d'eux, passant avec son fils :
« Mon enfant, lui dit-il, tu vois dans ces épis
L'emblême [6] d'un savant, celui d'un esprit vide [7] ;
Les sots sont orgueilleux, le mérite est timide. »

Le Filleul des Guerrots.

62. Justice de Dieu.

Ce Dieu, maître absolu de la terre et des cieux,
N'est point tel que l'erreur le figure à vos yeux.
L'Eternel est son nom ; le monde est son ouvrage :
Il entend les soupirs de l'humble qu'on outrage,
Juge tous les mortels avec d'égales lois,
Et du haut de son trône interroge les rois.
Des plus fermes Etats la chute épouvantable,
Quand il veut, n'est qu'un jeu de sa main redoutable.

Racine.

1. Déesse de l'agriculture.

2. Un épi dépourvu des présents de Cérès, c'est-à-dire un épi vide.

3. *Altier*, fier, orgueilleux.

4. *Guérets*, terres à blé.

5. Son voisin, dépositaire des trésors des guérets, c'est-à-dire, un épi contenant des grains. — Pour comprendre cette fable, il importe de savoir que les épis garnis de grains sont les seuls qui se recourbent vers la terre à l'époque de leur maturité.

6. Le symbole, l'image.

7. Celui d'un ignorant.

63. Puissance de Dieu.

Que peuvent contre lui tous les rois de la terre ?
En vain ils s'uniraient pour lui faire la guerre,
Pour dissiper leur ligue [1] il n'a qu'à se montrer ;
Il parle : et dans la poudre [2] il les fait tous rentrer.
Au seul son de sa voix la mer fuit, le ciel tremble ;
Il voit comme un néant [3] tout l'univers ensemble :
Et les faibles mortels [4], vains jouets du trépas [5],
Sont tous devant ses yeux comme s'ils n'étaient pas.

RACINE.

64. Bienfaits de Dieu.

C'est Dieu qui donne aux fleurs leur aimable pein-
    Il fait naître et mûrir les fruits,   [ture,
    Il leur dispense [6] avec mesure
Et la chaleur des jours et la fraîcheur des nuits :
Le champ qui les reçut, les rend avec usure [7].
Il commande au soleil d'animer la nature,
    Et la lumière est un don de ses mains ;
    Mais sa loi sainte, sa loi pure
Et le plus riche don qu'il ait fait aux humains.

RACINE.

65. Image de la vie.

  « Où va le volume d'eau
  Que roule ainsi ce ruisseau ?

1. *Ligue*, union de plusieurs États ou de plusieurs princes pour se défendre ou pour attaquer.

2. Dans la poussière. — 3. Comme rien. — 4. Les hommes. — 5. La mort.

6. *Dispenser*, distribuer.

7. *Rendre avec usure*, rendre au-delà de ce qu'on a reçu.

Dit un enfant à sa mère.
Sur cette rive si chère,
D'où nous le voyons partir,
Le verrons-nous revenir?
— Non, mon fils; loin de sa source
Ce ruisseau fuit pour toujours;
Et cette onde [1], dans sa course,
Est l'image de nos jours [2]. »

Mme Tastu.

66. L'Appui fragile [3]. (*Fable.*)

Sur un roseau sans consistance [4],
Un jour un enfant s'appuya;
Soudain le roseau se brisa,
Et punit sa folle imprudence.
Son maître qui le regardait,
Voulant qu'au petit marmouset
Cette leçon devînt utile :
« Apprends, lui dit-il, mon ami,
Qu'il vaut mieux être sans appui
Que d'en avoir un trop fragile. »

67. Le travail.

Comme la bienfaisante pluie
Féconde la terre en été,

1. Cette eau.

2. De même que l'eau ne retourne pas vers sa source, de même nous ne reviendrons pas à l'époque où nous sommes nés.

3. *Fragile*, cassant.

4. Sans fermeté, sans solidité.

Dieu fit, pour féconder la vie,
Le travail et l'activité.
Ne laissons point d'heure inutile.
Songeons que la paille stérile [1]
Est foulée au pied du glaneur.
Puissent s'amasser nos journées,
Comme les gerbes moissonnées,
Dans le grenier du laboureur !

Mme Tastu.

68. La Poule et l'Hirondelle. (*Fable.*)

Une poule en son nid trouva
Des œufs de serpent, qu'avec zèle,
Comme une dupe [2], elle couva.
« Que je vous plains, dit l'hirondelle !
Tous ces petits monstres naissants,
Que vous prenez pour vos enfants,
Bientôt sur leur propre nourrice
Feront l'essai de leur malice. »

Ce n'est jamais qu'à ses dépens
Que l'on élève les méchants.

Kérivalant.

69. L'ange gardien.

Veillez sur moi quand je m'éveille,
Bon ange, puisque Dieu l'a dit ;
Et chaque nuit, quand je sommeille,

---

1. *Paille stérile*, tuyau sans épi ou portant un épi vide.

2. Comme une personne aisée à tromper.

AVERTISSEMENT.

L'utilité des *Exercices de mémoire* est généralement sentie dans les écoles primaires : on comprend quels services ils sont appelés à rendre à l'éducation, comme à l'instruction. Et, cependant, il n'existe peut-être pas un livre conçu de façon à rendre ces exercices aussi profitables qu'on le désire naturellement. Certains ouvrages ne contiennent que des fables, et finissent par n'avoir plus l'attrait suffisant; d'autres offrent des sujets plus variés, mais évidemment au-dessus de la portée des enfants, malgré leur apparente simplicité; il en est aussi où l'on n'a pas été assez scrupuleux sur le choix des morceaux, où l'on n'a pas assez songé que, souvent, une expression suffit pour amener des questions indiscrètes, fort embarrassantes pour le maître, et pour initier les enfants à un ordre d'idées qui longtemps encore doivent leur rester étrangères.

Les Recueils les plus connus, quelque recommandables qu'ils soient d'ailleurs à certains égards, ne sont pas non plus gradués avec assez de soin : les élèves n'y trouvent pas tous des leçons d'une étendue et d'une difficulté en rapport avec leur âge, la nature de leurs études et le degré d'instruction qu'ils ont acquis.

Enfin, nous n'en avons point vu qui fussent annotés de manière à faciliter suffisamment l'intelligence du texte et à seconder les explications du maître, explications sans lesquelles les *Exercices de mémoire* ne donneraient aucun fruit.

Il existe donc ici une lacune; et c'est dans l'espoir de la combler que nous offrons aujourd'hui ce Recueil aux écoles primaires. On n'y trouvera pas, nous le croyons du moins, les défauts que nous venons de signaler. S'ensuit-il qu'il doive échapper à la critique? Nous n'osons pas nous en flatter. Néanmoins, nous pensons que les Instituteurs qui voudront en faire usage n'auront qu'à se louer de la manière dont il est entendu.

La plupart des morceaux sont courts et faciles ; cependant on en trouvera quelques-uns qui ont certaine étendue, d'autres qui ne pourront convenir qu'à des élèves déjà avancés ; mais on verra que les premiers sont remarquables par leur simplicité. Quant aux autres, nous les avons accompagnés de notes qui les mettront à la portée d'un plus grand nombre d'enfants.

Disons-le, c'est surtout sous le rapport de la multiplicité de ces notes que notre Recueil se distingue des autres. Quelques personnes pourront s'en étonner au premier abord ; mais ce n'est pas à coup sûr des Instituteurs consommés, qui savent combien des leçons, faciles en apparence, ont besoin d'explications pour entrer dans l'esprit des enfants, dont le vocabulaire est d'ailleurs si borné. En effet, que d'inversions, que d'ellipses, que de figures, de tournures poétiques demanderont encore à être relevées ! que de notions diverses on se verra dans la nécessité de donner pour que les élèves apprennent autre chose que des mots ! que de réflexions resteront à faire naître sur le sens moral de chaque morceau, afin d'en rendre l'étude réellement profitable ! Ainsi notre travail d'annotation serait encore insuffisant, s'il n'avait eu pour but principal d'indiquer la voie qui, selon nous, est la seule bonne, la seule qui puisse conduire à des progrès assurés.

Quoi qu'il en soit, sans prétendre exagérer l'importance de ce modeste ouvrage, nous le croyons appelé à rendre service aux écoles primaires, en intéressant les élèves et en allégeant la tâche des maîtres. Puisse-t-il jouir de quelque succès, et répondre à l'attente des personnes qui nous avaient vivement engagé à l'entreprendre, et dont nous regarderons l'approbation comme le plus doux encouragement !

Penchez-vous sur mon petit lit.
Ayez pitié de ma faiblesse,
A mes côtés marchez sans cesse,
Parlez-moi le long du chemin ;
Et pendant que je vous écoute,
De peur que je ne tombe en route,
Bon ange, donnez-moi la main.

Mme TASTU.

70. Le Papillon et l'Enfant. (*Fable.*)

« Papillon, joli papillon,
Venez vite sur cette rose ;
Pour vous avec ce frais bouton
Je l'ai cueillie à peine éclose. »
Ainsi chantait un jeune enfant ;
Et le voilà qui se dispose
A saisir l'insecte brillant,
Pour peu que sur elle il se pose.
L'insecte était malin ; il répond : « Serviteur !
J'ai vu le piége, ami, je ne vois plus la fleur. »

LE FILLEUL DES GUERROTS.

71. La Fumée et la Flamme. (*Fable.*)

La fumée à la flamme adressait ce discours :
« Ma mère [1], par quelle aventure,
Tenant l'être [2] de vous, suis-je toujours obscure,
Tandis que vous brillez toujours ?
— Cette aventure n'est pas neuve,

---

1. La fumée semble naître de la flamme ; c'est pourquoi elle appelle celle-ci, ma mère.

2. *Tenant l'être*, tenant l'existence.

2

Ma fille, et vous êtes la preuve,

Lui dit la flamme, qu'ici-bas

On ne brille, en effet, que de son propre lustre [1].

Aux enfants il ne suffit pas

D'être sortis d'un père illustre [2]. »

Extrait du *Bon Génie*.

72. Le Bluet [3]. (*Fable.*)

De nos guérets [4], modeste fleur,

De la corolle [5] demi-close [6]

S'exale une suave odeur :

« Joli bluet, d'où vient cette métamorphose [7] ?

— Ce matin par Chloé cueilli pour son bouquet,

Je m'y plaçai près de l'œillet,

Entre le jasmin et la rose ;

Du doux parfum qui t'a d'abord surpris

Déjà tu devines la cause :

Rappelle-toi qu'à choisir ses amis

On gagne toujours quelque chose.

NAUDET.

73. Le Chien qui lâche sa proie [8] pour l'ombre. (*Fable.*)

Chacun se trompe ici bas :

On voit courir après l'ombre [9]

---

1. *Lustre*, éclat. — 2. Il ne suffit pas qu'on soit fils d'un homme de mérite, pour avoir du mérite soi-même.

3. Ou *bleuet*, fleur des champs, sans odeur, ainsi nommée de sa couleur bleue. — 4. De nos champs. — 5. *Corolle*, partie la plus apparente des fleurs. — 6. A demi ouverte. — 7. Cette transformation.

8. *Proie*, ce que les animaux carnassiers ravissent pour le manger.

9. *Ombre*, vaine apparence, chose qui n'existe pas réellement.

Tant de fous, qu'on n'en sait pas
La plupart du temps le nombre.
Au chien dont parle Esope [1] il faut les renvoyer.

Ce chien, voyant sa proie en l'eau représentée,
La quitta pour l'image, et pensa se noyer.
La rivière devint tout d'un coup agitée;
A toute peine il regagna les bords,
Et n'eut ni l'ombre [2] ni le corps.

La Fontaine.

74. Le Roi de Perse [3] et ses Visirs [4]. (*Fable.*)

Un roi de Perse, certain jour,
Chassait avec toute sa cour.
Il avait soif, et dans la plaine
On ne trouvait point de fontaine.
Près de là seulement était un grand jardin,
Rempli de beaux cédrats [5], d'oranges, de raisin.
« A Dieu ne plaise que j'en mange !
Dit le roi ; ce jardin courrait trop de danger :
Si je me permettais d'y cueillir une orange,
Mes visirs aussitôt mangeraient le verger. »

Florian.

75. Le Pinson et la Pie. (*Fable.*)

« Apprends-moi donc une chanson, »
Demandait la bavarde pie
A l'agréable et gai pinson,

1. Fabuliste grec. — 2. Ni l'image.
3. *Perse*, contrée d'Asie. — 4. *Visirs*, principaux officiers du roi.
5. Espèce de citron.

Qui chantait au printemps sur l'épine fleurie.

   « Allez, vous vous moquez, ma mie ;

A gens de votre espèce, ah ! je gagerais bien

   Que jamais on n'apprendra rien.

    — Eh quoi ! la raison, je te prie ?

— Mais c'est que, pour s'instruire et savoir bien

   Il faudrait savoir écouter,   [chanter,

   Et babillard n'écouta de sa vie. [1] »

Mme de La Férandière.

76. La Maîtresse, la Servante et le Chat.

(Fable.)

« Qui donc maltraite ainsi mon chat ? Comment, c'est

   Audacieuse, impertinente !   [vous ?

Disait une maîtresse à sa jeune servante.

  — Il l'a bien mérité, répond Lise en courroux ;

   Je le caressais, l'hypocrite [2]

A déchiré ma main de sa griffe maudite ;

   Je suis tout en sang. — C'est égal,

Vous avez fait une action indigne.

   Ce chéri ! ce pauvre animal !

Voyez donc ! on le bat parce qu'il égratigne ! »

Bressier.

77. Le Colibri [3].

Lorsque l'oiseau vanté pour ses riches couleurs,

Lorsque le colibri, dont les brillantes ailes

---

1. On sait que la pie est très-babillarde.

2. *Hypocrite*, qui affiche une qualité, une vertu qu'il n'a pas. Le chat n'est doux qu'en apparence, ce qui le fait appeler hypocrite.

3. Très-petit oiseau d'Amérique, remarquable par l'éclat de ses couleurs.

Le promènent de fleurs en fleurs ,
Ne trouve pas chez l'une d'elles
Le doux nectar [1] qui le nourrit ,
Sur cette fleur , à ses yeux inutile',
Il se venge , et , dans son dépit ,
A coups de becs sans pitié la mutile [2].
Egoïstes [3], vous voilà bien !
Ne valoir rien pour vous , c'est n'être bon à rien.

Le Filleul des Guerrots.

78. La Rose et la Pêche. (*Fable.*)

Sur une rose, un papillon ,
Sur une pêche, un limaçon ,
Disaient un jour, entre autres choses :
« Nous sommes bien du ciel les plus chers favoris !
C'est pour les papillons que fleurissent les roses ,
C'est pour les limaçons que mûrissent les fruits. »
Survient Eglé , bergère jeune et fraîche ,
Qui les tire bientôt d'erreur ,
En s'adjugeant [4] le nectar de la pêche ,
En se parant des trésors de la fleur.

79. L'Enfant et le Chat. (*Fable.*)

Tout en se promenant , un bambin déjeûnait
De la galette qu'il tenait.
Attiré par l'odeur , un chat vient , le caresse ,

1. Le suc. En général on entend par nectar une boisson très-agréable.
2. C'est-à-dire , l'effeuille.
4. *Egoïste*, celui qui ne pense que pour soi.
3. *S'adjuger*, s'approprier, prendre pour soi.

Fait le gros dos, tourne et vers lui se dresse :
Oh ! le joli minet ! et le marmot, charmé,
Partage avec celui dont il se croit aimé.
Mais le flatteur à peine obtient ce qu'il désire,
　　　Qu'au loin il se retire.
Ah ! ah ! ce n'est pas moi, dit l'enfant, consterné,
Que tu suivais ; c'était mon déjeûné. »

GUICHARD.

80. Le Porc et les Abeilles. *(Fable.)*

　　　Après dîner, seigneur pourceau
Dormait près d'une ruche. Une petite abeille
De son tendre aiguillon perce sa tendre peau :
　　Lors, en fureur, l'adolescent s'éveille ;
Il s'en prend à la troupe, attaque son palais [1],
　　　Et de son groin [2] le renverse.
Mais sur lui tout à coup l'essaim fond et s'exerce,
Le poursuit et l'accable enfin de mille traits.

Qui cherche à se venger d'une légère offense
S'attire bien souvent plus de mal qu'il ne pense.

MME JOLIVEAU.

81. Le Rosier et la Ronce. *(Fable.)*

Un fort joli rosier s'adressant à la ronce :
« Voisine, lui dit-il, pourquoi de vos piquants
Vous voit-on tous les jours déchirer les passants ?
　Quel plan de vie ! entre nous, il annonce
　　Un naturel des plus méchants. »

1. La ruche.
2. *Groin*, museau du cochon.

La ronce l'écoutait, et voici sa réponse :
« Dans vos propos, c'est mettre un peu d'aigreur ;
    Il vous sied bien de censurer [1] les autres !
Je montre mes piquants, mais vous cachez les vôtres,
Et le piége chez vous est tendu sous la fleur. »

Agniel.

82. L'offre trompeuse.

    Sur la porte d'un beau jardin
Ces mots étaient gravés : « Je donne ce parterre
A quiconque est content. » « Voilà bien mon affaire,
Dit un homme tout bas ; j'ai droit à ce terrain. »
    Plein de joie il s'adresse au maître :
« Pour m'établir ici, vous me voyez paraître ;
    Je suis content de mon destin. »
Le seigneur lui répond : « Cela ne saurait être ;
    Qui veut avoir ce qu'il n'a pas
N'est point content : retournez sur vos pas. »

Barbe.

83. La Chenille. (*Fable.*)

Un jour, causant entre eux, différents animaux
    Louaient beaucoup le ver à soie :
« Quel talent, disaient-ils, cet insecte déploie
En composant ces fils si doux, si fins, si beaux,
    Qui de l'homme font la richesse ! »
Tous vantaient son travail, exaltaient [2] son adresse.
Une chenille seule y trouvait des défauts,

1. *Censurer*, blâmer, reprendre.
2. *Exalter*, louer, vanter beaucoup.

Aux animaux, surpris, en faisait la critique,
     Disait des *mais* et puis des *si*.
Un renard s'écria : « Messieurs, cela s'explique,
     C'est que Madame file aussi. »

FLORIAN.

84. L'amitié.

Noble et tendre amitié, je te chante en mes vers.
Du poids de tant de maux semés dans l'univers,
Par tes soins consolants, c'est toi qui nous soulages.
Trésor de tous les lieux, bonheur de tous les âges,
Le ciel te fit pour l'homme, et tes charmes touchants
Sont nos derniers plaisirs, sont nos premiers penchants.
Qui de nous, lorsque l'âme, encore naïve et pure,
Commence à s'émouvoir et s'ouvre à la nature [1],
N'a pas senti d'abord, par un instinct heureux,
Le besoin enchanteur, ce besoin d'être deux,
De dire à son ami ses besoins et ses peines?

DUCIS.

85. L'Ane portant des reliques. (*Fable.*)

     Un baudet, chargé de reliques,
     S'imagina qu'on l'adorait;
     Dans ce penser il se carrait,
Recevant comme siens l'encens et les cantiques [2].
     Quelqu'un vit l'erreur, et lui dit :
     « Maître baudet, ôtez-vous de l'esprit

---

1. *S'ouvre à la nature*, c'est-à-dire, s'ouvre aux sentiments affectueux, éprouve le besoin de s'attacher.

2. C'est-à-dire, recevant l'encens et les cantiques comme des choses auxquelles il avait droit.

Une vanité si folle.
Ce n'est pas vous, c'est l'idole [1]
A qui cet honneur se rend,
Et que la gloire en est due. »

D'un magistrat ignorant
C'est la robe qu'on salue.

LA FONTAINE.

86. Les vitres gelées. (*Fable.*)

« Vois, disait à son fils le sage Philémon,
Vois ces légers filets de glace,
Ces délicates fleurs que trace
Sur le frêle [2] vitrage un nocturne aquilon [3]....
Un rayon de soleil promptement les efface.
En un si mince objet, quelle haute leçon
Nous présente d'un Dieu la sagesse profonde !
Ainsi, dans les biens de ce monde,
Ce qui séduit [4] le plus nos yeux
Souvent n'est qu'une image vaine
Que fait évanouir [5] sans peine
De la raison le flambeau lumineux. »

LE FILLEUL DES GUERROTS.

87. Le Paysan et le Cavalier.

Un paysan portait sur son épaule
Un lièvre ayant les pieds passés dans une gaule [6];

---

1. *Idole*, figure représentant une fausse divinité.

2. *Frêle*, fragile, cassant. — 3. *Aquilon*, vent du nord.

4. *Séduire*, plaire. — 5. *Évanouir*, disparaitre.

6. *Gaule*, grande perche On emploie ici ce mot dans le sens de *bâton*.

Il allait le vendre au marché.

Un cavalier, suivant la même voie,

Considéra le lièvre, et comme étant touché

D'une si belle et bonne proie,

Le prit, le souleva , puis, demandant combien [1],

Piqua des deux [2]. Le rustre [3], jugeant bien

Qu'il n'en devait plus rien attendre,

Cria : « Je vous le donne, et donne de bon cœur ;

Souvenez-vous de votre serviteur. »

Souvent on donne ainsi ce qu'on ne saurait vendre.

88. La Poule aux œufs d'or. *(Fable.)*

L'avarice [4] perd tout en voulant tout gagner.

Je ne veux pour le témoigner

Que celui dont la poule, à ce que dit la fable,

Pondait tous les jours un œuf d'or.

Il crut que dans son corps elle avait un trésor :

Il la tua, l'ouvrit, et la trouva semblable

A celles dont les œufs ne lui rapportaient rien ,

S'étant lui-même ôté le plus beau de son bien.

Belle leçon pour les gens chiches [5].

Pendant ces derniers temps, combien en a-t-on vus

Qui, du soir au matin, sont pauvres devenus

Pour vouloir trop tôt être riches !

LA FONTAINE.

1. C'est-à-dire, demandant combien le paysan voulait le vendre.

2. *Piquer des deux*, faire sentir les deux éperons à un cheval.

3. *Rustre*, paysan grossier.

4. Désir insatiable d'acquérir des richesses pour le seul plaisir de les entasser. — 5. *Chiche*, trop ménager , avare.

89. La piété filiale.

Le plus saint des devoirs, celui qu'en traits de flamme
La nature a gravé dans le fond de notre âme,
C'est de chérir l'objet qui nous donna le jour.
Qu'il est doux à remplir ce précepte d'amour !
Voyez ce faible enfant que le trépas menace :
Il ne sent plus ses maux quand sa mère l'embrasse;
Dans l'âge des erreurs, ce jeune homme fougueux [1]
N'a qu'elle pour ami dès qu'il est malheureux.
Ce vieillard, qui va perdre un reste de lumière [2],
Retrouve encore des pleurs en parlant de sa mère.
Bienfait du créateur, qui daigna nous choisir
Pour première vertu notre plus doux plaisir !

FLORIAN.

90. La Guenon [3], le Singe et la Noix.

Une jeune guenon cueillit
Une noix dans sa coque verte ;
Elle y porte la dent, fait la grimace... « Ah ! certe,
Dit-elle, ma mère mentit
Quand elle m'assura que les noix étaient bonnes.
Puis croyez aux discours de ces vieilles personnes
Qui trompent la jeunesse ! Au diable soit le fruit ! »
Elle jette la noix. Un singe la ramasse
Vite entre deux cailloux la casse,
L'épluche [4], la mange et dit :

---

1. *Fougueux*, ardent, impétueux, qu'on retient difficilement.
2. C'est-à-dire, qui va mourir.
3 *Guenon*, femelle du singe. — 4. La nettoie, en ôte la peau.

« Votre mère eut raison, ma mie ;
Les noix ont fort bon goût, mais il faut les ouvrir.
Souvenez-vous que, dans la vie,
Sans un peu de travail on n'a point de plaisir. »

FLORIAN.

91. L'Enfant et le petit Écu [1]. (*Fable.*)

Possesseur d'un petit écu,
Un enfant se croyait le plus riche du monde.
Le voilà qui fait voir ce trésor à la ronde,
En criant gaîment : « J'ai bien lu !
— A merveille, lui dit un sage ;
C'est le prix du savoir que vous avez reçu,
Du savoir tel qu'on peut le montrer à votre âge ;
Mais voulez-vous encore être heureux davantage ?
Aspirez, mon enfant, au prix de la vertu :
Vous l'aurez quand des biens vous saurez faire usage. »
L'enfant entendit ce langage ;
L'écu, d'après son cœur, et sensible et bien né,
A rapporter le double est soudain destiné :
Avec le pauvre il le partage [2].

AUBER.

92. Bonheur de l'enfant aimé de Dieu.

Oh ! bien heureux mille fois
L'enfant que le Seigneur aime,
Qui, de bonne heure, entend sa voix,

---

1. *Écu*, ancienne monnaie d'argent. Il y en avait de valeurs différentes ; celui de trois francs se nommait petit écu.

2. L'écu rapporte en effet le double, puisqu'il fait deux heureux au lieu d'un. L'enfant éprouve d'ailleurs une jouissance de plus, celle de faire le bien.

Et que ce Dieu daigne instruire lui-même !
Loin du monde élevé, de tous les dons des cieux
Il est orné dès son enfance ;
Et du méchant l'abord contagieux [1]
N'altère point son innocence.
Tel en un secret vallon [2],
Sur le bord d'une onde pure,
Croît, à l'abri de l'aquilon,
Un jeune lis [3], l'amour de la nature.
Heureux, heureux mille fois ,
L'enfant que le Seigneur rend docile à ses lois !

RACINE.

93. La Bonbonnière. *(Fable.)*

A la discrétion [4] de ses petits enfants ,
Sur sa table, une bonne mère
Avait laissé sa bonbonnière :
Doit-on tenter ainsi les gens?
L'un d'eux y puise sans scrupule [5],
Le bambin croque à belles dents ;
Mais que prend-il? une pilule [6].
Bientôt un petit mal au cœur....

1. *Contagieux*, se dit de tout mal qui peut se communiquer. La présence, l'approche des méchants peut nous entraîner au mal ; c'est pourquoi on dit qu'elle est contagieuse.

2. *Vallon*, espace de terre resserré entre deux coteaux.

3. Le lys est considéré comme le symbole de la pureté et de l'innocence.

4. C'est-à-dire , à la portée.

5. Sans considérer s'il fait mal.

6 *Pilule*, petite boule faite avec une composition médicamentale.

Le larcin [1] est clair.... tout l'annonce :
Le lit, la diète [2], la semonce [3]
Vont punir le petit voleur;
La friandise est souvent corrigée.
Gardons-nous de l'esprit malin :
Il nous présente la dragée ,
Et nous donne du chicotin [4].

Du Tremblay.

94. Moyen de remédier à la laideur.

Oui, j'en conviens, le sort jaloux
Vous refusa, jeune Emilie ,
Ce bien si fragile [5] et si doux,
L'avantage d'être jolie.
Mais pourquoi ces pleurs, ce courroux?
Ah ! vous pouvez être embellie,
Et ce bonheur ne tient qu'à vous:
Soyez douce , égale [6], polie,
Sachez vous orner de vertus;
Et sous cette aimable parure
Les défauts de votre figure ,
Croyez-moi, ne choqueront plus.
Les vertus sont mères des grâces [7],
Et mieux que les doux attraits

1. Le vol. — 2. *Diète*, abstinence de nourriture. — 3. *Semonce*, réprimande
4. *Chicotin*, plante très-amère.
5. *Fragile* signifie ici , qui peut aisément être détruit.
6. Toujours le même.
7. Les vertus embellissent.

Elles feront voler tous les cœurs sur vos traces,
Et sauront à vos lois les soumettre à jamais[1].

Extrait du Bon Génie.

95. Le Carrosse et le Moulin à vent. (*Fable.*)

Un équipage à triple glace,
Passant près d'un moulin à vent,
Le nargua[2] sur sa lourde masse,
Et lui dit : « Mon pauvre innocent,
Tu fais bien du chemin sans bouger de ta place :
Pour qui? pour un meunier, un lourdaud, un ma-
Mais moi, regarde, encore passe ;   [nant.
En roulant je porte un milord[3],
Femmes de cour[4], brillantes, bien ornées;
Moi-même je suis doublé d'or.
Sens-tu quelle distance entre nos destinées? »
Le moulin lui dit : « Monseigneur,
Mon sort chétif vaut bien votre bonheur :
Servir l'orgueil est votre mode ;
D'un tel emploi je ne suis point tenté ;
Prévenir la nécessité
Vaut bien l'honneur d'être commode. »

VADÉ.

96. Le Cheval et l'Ane. (*Fable.*)

En ce monde il se faut l'un l'autre secourir,
Si ton voisin vient à mourir,
C'est sur toi que le fardeau tombe.

---

1. Elles nous feront aimer de tout le monde.
2 Se moqua de lui. — 3. Un homme fort riche. — 4. Grandes dames.

Un âne accompagnait un cheval peu courtois [1] ;
Celui-ci ne portant que son simple harnais,
Et le pauvre baudet si chargé qu'il succombe.
Il pria le cheval de l'aider quelque peu,
Autrement il mourrait devant qu'être à la ville [2].
La prière, dit-il, n'en est pas incivile :
Moitié de ce fardeau ne vous sera que jeu.
Le cheval refusa, fit une pétarade [3],
Tant qu'il vit sous le poids mourir son camarade,
     Et reconnut qu'il avait tort.
     Du baudet en cette aventure
     On lui fit porter la voiture [4]
     Et la peau par-dessus encor.

La Fontaine.

97. Le Papillon entré dans un appartement. [Fable.]

« Que mon destin est beau ! qu'il est digne d'envie !
Tandis que mes pareils végètent [5] dans les champs,
Sous un lambris [6] doré j'habite avec les grands.
Oh ! c'en est fait, près deux je veux passer ma vie. »
     Ainsi parlait un papillon,
     Transfuge des Etats de Flore [7],

---

1. *Courtois*, poli, affable.

2. Avant d'être à la ville.

3. Rua, fit un saut. — 4. Le fardeau.

5. *Végéter*, vivre dans une condition obscure.

6. *Lambris*, revêtement en menuiserie appliqué aux solives d'une chambre.

7. *Flore*, déesse des fleurs. — *Les Etats de Flore*, les jardins. — *Transfuge des Etats de Flore*, c'est-à-dire, qui avait abandonné, déserté les jardins.

Et, nouvel hôte d'un salon,

Il en allait bien dire encore,

Quand il vit un flambeau dont l'éclat l'éblouit.

Il y vole soudain d'une aile téméraire [1]...

Plaignez son sort, hélas ! il cherchait la lumière

Et ne trouva que l'éternelle nuit [2].

Aux mortels insensés que l'ambition [3] guide.

Souvent il en coûte aussi cher.

Tristes jouets d'une lueur perfide

L'éclat [4] les attire et les perd.

LE FILLEUL DES GUERROTS.

98. Le Lierre et la Vigne. (*Fable.*)

Sur le mur d'un vieil ermitage,

Un lierre avec orgueil étalait son feuillage.

Une vigne, tout près de lui,

Grimpait modestement [5] le long du même appui.

De son inutile verdure

Fier et vain comme un sot, le lierre, sans égard,

Repoussait sa voisine et couvrait la masure [6].

La pauvre vigne, sans murmure,

Se retirait toujours, cherchant place à l'écart.

Mais chacun eut son tour et justice fut faite :

Un jardinier s'avance, armé de sa serpette,

Il vient pour réparer le manoir [7] délaissé ;

---

1. *Téméraire*, hardi avec imprudence.

2. C'est-à-dire, il mourut. — 3. Le désir de s'élever.

4. La splendeur, la gloire, la magnificence.

5 C'est-à-dire, grimpait sans trop se montrer.

6. La vieille maison. — 7. La maison.

Sans peine on devine le reste :
L'orgueilleux inutile arraché, dispersé,
    Laisse le mur débarrassé
    A la vigne utile et modeste.

L. DE JUSSIEU.

99. Le petit enfant.

Pour le bon Dieu que puis-je faire ?
Je suis petit, si petit !
Voici ce que mon cœur me dit :
J'aimerai bien ma bonne mère !
Je puis l'aimer, quoique petit !

Pour Dieu que puis-je faire encore ?
Puisque c'est Dieu qui nous bénit,
Je prierai bien, près de mon lit,
Ce bon Dieu que ma mère adore :
On peut prier, quoique petit.

Et puis-je faire davantage ?
A l'école où l'on me conduit,
Attentif à tout ce qu'on me dit,
Je m'efforcerai d'être sage :
On peut l'être, quoique petit.

Et quoi d'autre enfin ? — Si ma mère
Me réprimande et m'avertit,
J'y veillerai, quoique petit,
Pour corriger mon caractère :
C'est comme cela qu'on grandit !

TOURNIER.

100. La bonne idée.

Un jour, un villageois, sur un âne affourché,
Trouva par un ruisseau son passage bouché.
Tandis que pour le prendre un batelier s'apprête,
Il approche du bord, saute en bas de sa bête,
S'embarque le premier, et sur le pont tremblant [1]
Tire par son licou l'animal nonchalant.
Le grison, qui des flots redoute le caprice [2],
Tire de son côté, fait le pas d'écrevisse [3],
Et du maître essoufflé déconcertant l'effort,
Lutteur victorieux, demeure sur le bord.
Enfin, tout épuisé d'haleine et de courage,
L'homme change d'avis, redescend au rivage,
Prend l'âne par la queue et tire de son mieux.
L'animal aussitôt s'échappe furieux,
Et, du bras qui le tient forçant la violence,
D'un saut précipité dans le bateau s'élance.

J.-B. ROUSSEAU.

101. La Rose et la Violette. *(Fable.)*

« Je suis la reine des fleurs,
Disait un jour la rose à l'humble violette
Qui se trouvait près d'elle sous l'herbette ;
J'en ai le rang, le nom et les honneurs.
Regardez-moi, lui disait-elle,
Vous semble-t-il que je sois assez belle ?

---

1. Sur le bateau.
2. L'âne passe pour craindre l'eau.
3. Marche à reculons.

Que dites-vous de ma fraîcheur
Et de l'éclat de ma couleur ?
Voyez, je m'élève superbe,
Tandis que vous rampez sous l'herbe. »
La violette répondit :
« Tout cet orgueilleux étalage
Vous a fait tort dans mon esprit :
Croyez-moi, quittez ce langage ;
Rien ne sied mieux à la beauté
Qu'une aimable simplicité.
A vos appas [1] joignez la modestie. »

La violette avait raison :
Profitons de sa leçon.

102. L'Enfant et la Fauvette.

« Si j'étais toi, ma fauvette,
Toi qui becquètes le pain
Que pour toi répand ma main
Aux abords de ma chambrette ;
Si j'étais toi, je prendrais
Mon vol bien loin de la terre :
Adieu ! dirais-je à ma mère ;
Et j'irais, je monterais
Bien haut, par-dessus les nues ;
Je franchirais ces sommets
Où l'homme n'atteint jamais ;
Par des routes inconnues

1. *Appas*, charmes.

J'irais au fond du ciel bleu,
Plus haut qu'où l'astre étincelle ;
Je n'arrêterais mon aile
Qu'après avoir trouvé Dieu !
— Mon ami, dit la fauvette,
Pour cela point n'est besoin
D'aller si-haut ni si loin :
Cherche Dieu dans ta chambrette. »

TOURNIER.

103. Le Chien et le Chat. (*Fable.*)

Pataud jouait avec Raton,   [frère.
Mais, sans gronder, sans mordre, en camarade, en
Les chiens sont bonnes gens ; mais les chats, nous
   Sont justement tout le contraire.   [dit-on,
   Raton, bien qu'il jurât toujours
   Avoir fait patte de velours [1],
Raton, et ce n'est pas une histoire apocryphe [2],
Dans la peau d'un ami, comme fait maint plaisant,
   Enfonçait, tout en s'amusant,
   Tantôt la dent, tantôt la griffe.
   Pareil jeu dut cesser bientôt.
   « Eh quoi ! Pataud, tu fais la mine !
   Ne sais-tu pas qu'il est d'un sot
   De se fâcher quand on badine ?
   Ne suis-je pas ton bon ami ?

---

1 On dit du chat qu'il fait patte de velours, quand il retire ses griffes en donnant la patte.

2. Une histoire à laquelle on ne puisse pas ajouter foi.

— Prends le nom qui convient à ton humeur mali-
    Raton ; ne sois rien à demi :   [gne,
    J'aime mieux un franc ennemi
    Qu'un bon ami qui m'égratigne. »

Arnault.

104. L'Écolier et le Ver à soie. (*Fable.*)

    Dans un collége, un écolier,
    Peu studieux et n'aimant guère
    A feuilleter Clénard et Despautère [1],
    S'ennuyait d'être prisonnier.
    L'enfant avait un ver à soie,
    Son amusement et sa joie.
Un jour, le regardant qui filait son cocon,
Dont il s'enveloppait et faisait sa prison,
Il lui dit : « Mon ami, ta sottise est extrême ;
    A quoi bon t'enfermer toi-même? »
Le ver lui répondit : « Ce n'est pas sans raison
    Qu'à filer je mets mon étude ;
pour fruit de mon travail et de ma solitude,
    Je serai bientôt papillon. »

    Leçon où la sagesse brille ,
    Et dont le sens est assez clair :
    S'il n'avait pas filé, ce ver
    Serait toujours resté chenille.

Richer.

1. Auteurs d'ouvrages classiques.

105. Le Boiteux, le Bossu et l'Aveugle.
(*Fable.*)

« Me voilà vraiment bien loti [1],
Avec ma jambe en raccourci,
Clopin par là, clopin par ci !
Disait certain boiteux. Oh ! ça, dame nature,
N'attendez pas un grand merci,
Car je fais dans ce monde-ci
Une pénitence assez dure.
— Et ne suis-je donc pas, moi, joliment bâti ?
Répondit un bossu, passant par aventure ;
Il faut, pour m'avoir fait ainsi,
Qu'on se soit trompé de mesure. »
Un aveugle les entendant,
Tout aussitôt se mit à dire :
« Dussé-je aller toujours en clopinant,
Etre bossu par derrière et devant,
Ah ! si j'avais un pauvre œil seulement,
Que leurs propos [2] me feraient rire ! »
Tel se plaint d'être mal, qui serait bien content,
S'il songeait qu'on peut être pire.

FLORIAN.

106. L'Ecolier, l'Abeille et l'Absinthe [3].
(*Fable.*)

« Que fais-tu donc sur cette plante ?
Disait un écolier, paresseux et mutin,

---

1. Bien partagé, bien favorisé par le sort. —2. Leurs discours.
3. Plante d'un goût très-amer.

A l'ouvrière diligente,

Qui butinait de grand matin [1].

—Du miel.—Y penses-tu? quoi! du miel de l'absinthe?

— Sans doute. —Ah! pour le coup c'est se moquer de

De ton rare talent, à te parler sans feinte [2],　[moi!

Tu fais, ma chère, un sot emploi.

— Ainsi l'âge de l'ignorance

Toujours juge à tort, à travers!

Quand mon utile prévoyance

De cette plante, aux sucs amers,

Tire un miel aussi doux que celui de la rose,

Du travail, mon ami, c'est la métamorphose [3].

Mets à profit, crois-moi, la leçon d'aujourd'hui :

Pour la trop paresseuse enfance.

L'absinthe est la peine et l'ennui

Qu'un long travail traîne après lui ;

Le miel, c'est le doux fruit que produit la science. »

Naudet.

107. Les deux Voyageurs. (*Fable.*)

Le compère Thomas et son ami Lubin

Allaient à pied tous deux à la ville prochaine.

Thomas trouve sur son chemin

Une bourse de louis pleine ;

Il l'empoche aussitôt. Lubin, d'un air content,

Lui dit : « Pour nous la bonne aubaine [4]!

---

1. Qui prenait le suc des fleurs.

2. *Sans feinte*, franchement.

3. La transformation.

4. *Aubaine*, avantage inattendu.

— Non, répond Thomas froidement;
Pour *nous*, n'est pas bien dit; pour *toi*, c'est différent.»
Lubin ne souffle plus [1] ; mais en quittant la plaine ,
Ils trouvent des voleurs cachés au bois voisin.

Thomas, tremblant, et non sans cause ,
Dit : «Nous sommes perdus ! — Non, lui répond Lubin,
Nous, n'est pas le vrai mot; mais *toi*, c'est autre chose.»
Cela dit, il s'échappe à travers le taillis [2].
Immobile de peur, Thomas est bientôt pris :
Il tire sa bourse et la donne.

Qui ne songe qu'à soi quand la fortune est bonne ,
Dans le malheur n'a point d'amis.
FLORIAN.

108. La Jeune Fille et la Corme [3]. (*Fable.*)

Certaine fille assez jolie,
Mais d'une humeur revêche [4] et d'un esprit malin,
Vit un cormier sur son chemin ,
Et d'en cueillir le fruit elle eut la fantaisie.
D'abord la corme l'enchanta
Par sa peau vermeille et brillante ;
Mais , en ayant goûté la chair aigre et piquante ,
Loin d'elle avec dépit elle la rejeta.
Confuse alors de sa méprise :
«Peut-on, s'écria-t-elle, ainsi tromper les gens?»

1. Ne parle plus. — 2. Le bois.

3. *Corme* ou *sorbe*, petit fruit très-acide et dont la forme approche de celle de la poire. On ne mange la corme que lorsqu'elle est molle.

4. *Revêche*, rude , peu traitable.

L'éclat [1] est au-dehors, et l'aigreur au-dedans.
— Il est vrai, dit quelqu'un, témoin de sa surprise ;
     Mais ce n'est pas un grand malheur
     De vous être ainsi laissé prendre
     Par l'éclat de ce fruit trompeur :
     Cette leçon vous fait comprendre,
Qu'on dédaigne [2] partout la perfide beauté
Que n'accompagnent point la douceur, la bonté. »

109. Le Corbeau et le Renard [3]. *(Fable.)*

     Maître corbeau, sur un arbre perché [4],
     Tenait en son bec un fromage.
     Maître renard, par l'odeur alléché [5],
     Lui tint à peu près ce langage :
     « Hé ! bon jour, monsieur du Corbeau :
Que vous êtes joli ! que vous me semblez beau [6] !
     Sans mentir [7], si votre ramage [8]
     Se rapporte à votre plumage [9]
Vous êtes le phénix [10] des hôtes de ces bois. »
A ces mots le corbeau ne se sent pas de joie :

1. La couleur brillante. — 2. Qu'on regarde avec une sorte de mépris.

3. Le renard est regardé comme un des animaux les plus rusés.

4. *Perché*, posé sur un arbre. — 5. *Alléché*, attiré.

6. Le corbeau est loin d'être joli, le renard le sait bien ; mais il compte sur la sottise de l'oiseau, et, pour en faire sa dupe, il ne craint pas de recourir au mensonge.

7. C'est d'ordinaire au moment où ils prétendent dire la vérité, que les menteurs mentent avec le plus d'effronterie.

8. Votre chant. — 9. C'est-à-dire, est aussi beau que votre plumage.

10. Oiseau fabuleux, unique en son espèce et qui renaissait de sa cendre. *Phénix* se dit aussi d'un homme supérieur dans son genre.

Et, pour montrer sa belle voix,

Il ouvre un large bec, laisse tomber sa proie.

Le renard s'en saisit, et dit : « Mon bon monsieur,

Apprenez que tout flatteur [1]

Vit aux dépens de celui qui l'écoute ;

Cette leçon vaut bien un fromage sans doute. »

Le corbeau, honteux et confus,

Jura, mais un peu tard, qu'on ne l'y prendrait plus.

La Fontaine.

100. Le Lion et le Rat. (*Fable.*)

Il faut, autant qu'on peut, obliger tout le monde :

On a souvent besoin d'un plus petit que soi [2].

De cette vérité deux fables feront foi [3],

Tant la chose en preuves abonde.

Entre les pattes d'un lion

Un rat sortit de terre assez à l'étourdie.

Le roi des animaux [4], en cette occasion,

Montra ce qu'il était et lui donna la vie.

Ce bienfait ne fut pas perdu :

Quelqu'un aurait-il jamais cru

Qu'un lion d'un rat eût affaire [5]?

1. *Flatteur*, celui qui recourt à des louanges exagérées, pour séduire, pour tromper.

2. Non-seulement nous devons obliger les autres parce que nous pouvons avoir besoin d'eux, mais encore nous devons leur rendre service quand nous n'avons rien à en attendre.

3. C'est-à-dire, deux fables vont prouver cette vérité.

4. La force, le courage, la générosité du lion le font appeler le roi des animaux.

5. C'est-à-dire, qu'un lion eût besoin d'un rat.

Cependant il advint [1] qu'au sortir des forêts
Le lion fut pris dans des rêts [2]
Dont ses rugissements [3] ne le purent défaire.
Sire rat accourut, et fit tant par ses dents
Qu'une maille rongée emporta tout l'ouvrage.

Patience et longueur de temps
Font plus que force ni que rage.

LA FONTAINE.

111. La Colombe [4] et la Fourmi. (*Fable.*)

L'autre exemple est tiré d'animaux plus petits.

Le long d'un clair ruisseau buvait une colombe,
Quand, sur l'eau se penchant, une fourmis [5] y tombe;
Et dans cet océan [6] l'on eût vu la fourmis
S'efforcer, mais en vain, de regagner la rive.
La colombe aussitôt usa de charité :
Un brin d'herbe dans l'eau par elle étant jeté,
Ce fut un promontoire [7] où la fourmis arrive.
Elle se sauve. Et là-dessus
Passe un certain croquant [8] qui marchait les pieds nus.
Ce croquant, par hasard, avait une arbalète [9].

1. Il arriva. — 2. Dans des filets.

3. On appelle rugissement le cri du lion.

4. *Colombe*, pigeon.

5. *Fourmi*, avec un *s* au singulier, est une licence poétique.

6. On appelle océan la vaste étendue d'eau qui baigne toutes les parties de la terre. Ici, le poète a donné ce nom au ruisseau à cause de la petitesse de la fourmi.

7. Un cap. — 8. Un paysan.

9. Sorte d'arme au moyen de laquelle on lance des flèches.

Dès qu'il voit l'oiseau de Vénus [1] ,
Il le croit en son pot, et déjà lui fait fête.
Tandis qu'à le tuer mon villageois s'apprête,
La fourmi le pique au talon ;
Le vilain [2] retourne la tête :
La colombe l'entend, part et tire de long.
Le souper du croquant avec elle s'envole :
Point de pigeon pour une obole [3].

La Fontaine.

112. Le Laboureur et ses Enfants.

Travaillez, prenez de la peine :
C'est le fonds qui manque le moins [4].
Un riche laboureur, sentant sa mort prochaine,
Fit venir ses enfants, leur parla sans témoins :
« Gardez-vous, leur dit-il, de vendre de l'héritage
Que nous ont laissé nos parents :
Un trésor est caché dedans.
Je ne sais pas l'endroit ; mais un peu de courage
Vous le fera trouver : vous en viendrez à bout.
Remuez votre champ dès qu'on aura fait l'oût [5] :
Creusez, fouillez, bêchez ; ne laissez nulle place
Où la main ne passe et repasse. »
Le père mort [6], les fils vous retournent le champ,

1. *Vénus*, déesse de la beauté. La colombe lui était consacrée.

2. *Vilain* signifiait autrefois paysan.

3. C'est-à-dire, il n'eut pas la moindre partie du pigeon.

4. C'est-à-dire, le travail est de tous les fonds, de tous les biens, celui qui donne le revenu le plus assuré.

5. La moisson. — 6. *Le père mort*, c'est-à-dire, quand le père fut mort.

Deçà, delà, partout; si bien qu'au bout de l'an
　　Il en rapporta davantage [1].
D'argent, point de caché [2]. Mais le père fut sage
　　De leur montrer avant sa mort,
　　Que le travail est un trésor.

La Fontaine.

113. Le Hanneton.

« Hanneton qui, sur tes ailes,
Nous amènes le printemps [3],
C'est toi qui sais des nouvelles
Du muguet [4] et du beau temps.
　　Dis-nous si les prés
　　De fleurs sont parés;
　　Dis-nous si les bois
　　Ont repris leurs voix.
　　Dis si les oiseaux
　　Ont des chants nouveaux ;
　　Si le rossignol
　　Dit : «Fa, ré, mi, sol! »
Viens, apporte dans la ville
Tes joyeux bourdonnements ;
Pauvre étourdi, sois tranquille,
Va, ne crains rien des enfants :
　　Car j'ai respecté.
　　Ton jour de gaîté ;

1. La terre bien remuée, bien travaillée, produit davantage.
2. C'est-à-dire, il n'y avait point d'argent de caché.
3. Le hanneton vole au commencement du printemps.
4. Fleur printanière, d'une odeur très-agréable.

J'ai tant de plaisir
A pouvoir courir !
Vole en tournoyant ,
Vole en bourdonnant ,
Vole en rayonnant
Au soleil couchant ,
Hanneton qui, sur tes ailes ,
Nous apportes le printemps. »

Mlle A. Montgolfier.

114. Le Devin. *(Fable.)*

Un diseur de bonne aventure ,
Au milieu d'un grand carrefour [1]
Disait à tout venant [2], comme une chose sûre ,
Ce qui devait leur arriver un jour.
Un homme, en cette conjoncture [3],
Vint l'avertir, tout essoufflé ,
Que chez lui des voleurs, s'étant fait ouverture ,
Avaient tout pris et tout râflé.
« O ciel ! s'écria le prophète ,
Percé d'une vive douleur ,
Qui pouvait deviner un si triste malheur ? »
Et courut voir comment la chose s'était faite.
Un goguenard [4], en ce moment ,
Se mit à rire et lui dit plaisamment :
«Brave devin, dont le savoir suprême

1. *Carrefour*, endroit où se croisent plusieurs rues.
2. Au premier venu. — 3. En cette occasion.
4. *Goguenard*, plaisant, railleur.

Nous prédit l'avenir sans jamais hésiter ,
  Vous deviez vous dire à vous-même
Ce fâcheux accident, afin de l'éviter. »

   Qui ne voit goutte en son affaire
   Dans celles d'autrui ne voit guère .

C. Perrault.

115. La Châtaigne. (*Fable.*)

   « Que l'étude est chose maussade [1] !
   A quoi sert de tant travailler ? »
   Disait, et non pas sans bâiller ,
Un enfant que menait son maître en promenade.
Que répondait l'abbé [2] ? Rien. L'enfant sous ses pas
Rencontre cependant une cosse fermée ,
Et de dards menaçants de toute parts armée [3]
   Pour la prendre il étend le bras.
   « Mon pauvre enfant, n'y touchez pas !
— Et pourquoi ? — Voyez-vous mainte épine cruelle
Toute prête à punir vos doigts trop imprudents ?
— Un fruit exquis, Monsieur , est caché là-dedans.
— Sans se piquer, peut-on l'en tirer ? — Bagatelle [4] !
   Vous voulez rire , je crois.
Pour profiter d'une aussi bonne aubaine ,
   On peut bien prendre un peu de peine
   Et se faire piquer les doigts.

1. Chose désagréable.
2. Son maître était un abbé.
3. La bogue ou enveloppe de la châtaigne est couverte de piquants.
4. Je me moque de ce qui peut arriver.

— Oui, mon fils, mais de plus que cela vous enseigne
  A vaincre les petits dégoûts
  Qu'à présent l'étude a pour vous.
Ses épines aussi cachent une châtaigne. »

ARNAUD

116. Le soir.

Voici le soir , enfants : n'avez-vous rien à dire
Au Dieu qui vous donna vos mères et vos sœurs ?
Il écoute , il est bon , et vers lui vous attire ;
Pour lui votre prière est un encens de fleurs.
Tous, qui que vous soyez, enfants de pauvres femmes
Enfants des laboureurs , des riches , des heureux ,
Priez, Dieu vous bénit, et lui qui voit vos âmes,
Vous trouve tous pareils comme les lis entre eux [1].
Priez tous, car Dieu vient à tous ceux qui l'appellent,
Innocents ou pécheurs , vers lui, le front courbé ;
C'est lui qui tend la main, quand un homme est tombé,
Et c'est lui qui soutient les enfants qui chancellent.
Priez : pour lui porter vos prières , vos vœux ,
Vos anges gardiens sont prêts, battent des ailes ;
Et pour vous exaucer , cœurs simples et fidèles,
Jésus, qui fut enfant , vous écoute des cieux.

Mme A. SÉGALAS

117. Les fleurs.

Jeunes enfants , aimez les fleurs :
Les fleurs sont votre heureuse image ;

---

1. Nous sommes tous égaux aux yeux de Dieu.

3*

La terre s'embellit de leurs fraîches couleurs,
    Comme des grâces de votre âge ;
Leurs parfums délicats, dont les douces vapeurs
      Se promènent sur le rivage,
      Sont et l'emblême et le présage
      De l'innocence de vos cœurs.
      Elles vous offrent l'espérance
      De se changer en fruits pour vous ;
      Votre aimable et riante enfance
      Nous promet des fruits bien plus doux.
      Veillez sur elles chaque jour ;
      Arrosez leurs tiges croissantes,
      Et protégez-les tour à tour
      Contre les saisons inconstantes ;
Mais, en les cultivant avec un tendre soin,
      O mes enfants, songez sans cesse
      Que vous avez aussi besoin
      Qu'on veille sur votre jeunesse.

L DE JUSSIEU.

118. Les quatre parties du jour.

Le matin au soleil a rendu son empire [1],
Tout s'éveille et tout rit à sa fraîche clarté ;
Quand, avec la lumière, il répand la beauté [2].
      C'est Dieu que je crois voir sourire
      Dans sa grâce et dans sa bonté.

1. C'est-à-dire, le soleil reparaît le matin pour faire sentir de nouveau son heureuse influence à toute la nature.

2. Le soleil répand en effet la beauté avec la lumière, car c'est à la lumière que les objets doivent leur couleur.

Midi le fait monter sur un trône de flamme [1] ;
L'œil n'en peut plus alors soutenir la splendeur ;
Et je dis, accablé de sa puissante ardeur :
    C'est Dieu qui pénètre mon âme
    Du sentiment de sa grandeur.

Le soir, vers l'horizon [2], sa course descendue,
De ces sommets lointains semble chercher l'appui [3],
Son front découronné [4] d'un feu plus doux a lui :
    C'est Dieu qui permet que ma vue
    Ose s'élever jusqu'à lui.

La nuit d'un crêpe noir enveloppe la terre [5],
Son souffle éteint du jour le radieux flambeau [6] ;
Quand le monde muet semble un vaste tombeau,
    C'est Dieu qui parle en ce mystère
    Et me promet un jour plus beau.

Mme Tastu.

119. Les deux Rats, le Renard et l'Œuf.
(Fable.)

Deux rats cherchaient leur vie ; ils trouvèrent un œuf.
Le dîner suffisait à gens de cette espèce ;

---

1 C'est à partir de midi que le soleil brille avec plus d'éclat.

2. L'horizon, l'endroit où le ciel semble toucher la terre, surtout quand on est en rase campagne.

3. Le soir, quand le soleil va disparaître derrière les montagnes, on dirait qu'il s'appuie sur leur sommet.

4. Au moment de son coucher, le soleil nous semble dépouillé de ses rayons.

5. La terre, en effet, est comme enveloppée d'un crêpe noir qui empêcherait la lumière d'arriver jusqu'à nous.

6. Façon de parler. Le soleil n'est point éteint ; il brille des mêmes feux, mais pour d'autres climats.

Il nétait pas besoin qu'ils trouvassent un bœuf.
   Pleins d'appétit et d'allégresse,
Ils allaient de leur œuf manger chacun sa part,
Quand un quidam parut [1] ; c'était maître renard,
   Rencontre incommode et fâcheuse :
Car comment sauver l'œuf? Le bien empaqueter,
Puis des pieds de devant ensemble le porter,
   Ou le rouler, ou le traîner,
C'était chose impossible autant que hasardeuse.
   Nécessité, l'ingénieuse,
   Leur fournit une invention [2].
Comme ils pouvaient gagner leur habitation.
L'écornifleur [3] étant à demi-quart de lieue.
L'un se mit sur le dos, prit l'œuf entre ses bras :
Puis, malgré quelques heurts [4] et quelques mauvais
   L'autre le traîna par la queue.   [pas,
Qu'on m'aille soutenir après un tel récit
   Que les bêtes n'ont point d'esprit.
LA FONTAINE.

120. Qui donc m'a donné la naissance ?

  Qui donc m'a donné la naissance ?
  Qui me soigna dans mon enfance ?
  C'est celle à qui, durant les jours,
    Je pense.

---

1. *Quidam*, personne dont on ignore le nom. — (Prononcez *kidan*.)

2. C'est-à-dire, la nécessité, qui est pleine d'invention, d'adresse, leur fit ouvrir le moyen de transporter l'œuf.

3. *Écornifleur*, celui qui cherche à manger aux dépens d'autrui.

4. *Quelques heurts*, quelques chocs, quelques secousses.

O ma mère, sois mes amours,
    Toujours !

Qui me chérit avec tendresse,
Et pour moi travaille sans cesse?
Qui donc sur son sein, tous les jours,
    Me presse ?
Toi, ma mère ! Ah ! sois mes amours,
    Toujours.

Qui, lorsque je souffre, s'éveille,
A mes plaintes prêtant l'oreille?
Près de moi, qui passe les jours
    Et veille?
Toi, ma mère ! ah ! sois mes amours,
    Toujours.

Pourrais-je, par l'ingratitude,
Payer tant de sollicitude [1]?
Que te chérir soit de mes jours
    L'étude.
O ma mère ! sois mes amours,
    Toujours.

Quand je serai dans la jeunesse,
Tu toucheras à la vieillesse;
Alors je soutiendrai tes jours
    Sans cesse,
Ma mère sera mes amours,
    Toujours.

---

1. *Tant de sollicitude,* tant de soins affectueux.

Si jamais j'offensais ma mère,
De Dieu la céleste colère
Rendrait la suite de mes jours
  Amère.
Oh ! qu'elle soit donc mes amours,
  Toujours !

Mme J. Mallet.

121. Le Curé du village.

Voyez-vous ce modeste et pieux presbytère [1] ?
Là vit l'homme de Dieu, dont le saint ministère
D'un peuple réuni présente au ciel les vœux,
Ouvre sur le hameau tous les trésors des cieux,
Soulage le malheur, consacre l'hyménée [2],
Bénit et les moissons et les fruits de l'année,
Enseigne la vertu, reçoit l'homme au berceau [3],
Le conduit à la vie et le suit au tombeau.
Par ses sages conseils, sa bonté, sa prudence,
Il est pour le village une autre Providence.
Quelle obscure indigence échappe à ses bienfaits ?
Dieu seul n'ignore pas les heureux qu'il a faits.
Souvent dans ces réduits [4], où le malheur assemble
Le besoin, la douleur et le trépas ensemble,
Il paraît, et soudain le mal perd son horreur,
Le besoin sa détresse, et la mort sa terreur.

1. Demeure du curé.
2. Le mariage.
3. Le baptise dès qu'il est né.
4. *Réduit*, demeure étroite, logement misérable.

Qui prévient le besoin, prévient souvent le crime[1].
Le pauvre le bénit et le riche l'estime ;
Et souvent deux mortels, l'un de l'autre ennemis,
S'embrassent à sa table et retournent amis.

Delille.

122. Le Café.

Il est une liqueur au poète plus chère,
Qui manquait à Virgile [2] et qu'adorait Voltaire [3].
C'est toi, divin café, dont l'aimable liqueur,
Sans altérer la tête [4], épanouis le cœur [5].
Aussi quand mon palais est émoussé [6] par l'âge,
Avec plaisir encor je goûte ton breuvage.
Que j'aime à préparer ton nectar [7] précieux !
Nul n'usurpe chez moi ce soin délicieux.
Sur le réchaud brûlant, moi seul, tournant ta graine,
A l'or de ta couleur fais succéder l'ébène ;
Moi seul, contre la noix [8] qu'arment ses dents de fer,
Je fais en le broyant crier ton fruit amer ;
Charmé de ton parfum, c'est moi seul qui dans l'onde[9]
Infuse à mon foyer ta poussière féconde

1. En allant au secours du malheureux pressé par le besoin, on l'empêche souvent de commettre un crime.

2 Le premier des poètes latins. Il vivait dans le premier siècle de l'ère chrétienne, et le café n'était pas connu à cette époque.

3. Célèbre écrivain français. — 4. Sans enivrer.

5. *Épanouir le cœur*, réjouir.

6. *Mon palais est émoussé par l'âge*, c'est-à-dire, mon goût est affaibli, est moins sensible à l'impression des saveurs.

7. *Nectar*, se dit de toute boisson agréable.

8. La noix du moulin à café. — 9. Dans l'eau.

Qui, tour à tour calmant, exitant tes bouillóns,
Suis d'un œil attentif tes légers tourbillons.
Enfin de ta liqueur lentement reposée,
Dans le vase fumant la lie [1] est déposée;
Ma coupe, ton nectar, le miel américain [2]
Que du suc des roseaux [3] exprima l'africain [4].
Tout est prêt : du Japon [5] l'émail [6] reçoit tes ondes,
Et seul tu réunis les tributs des deux mondes [7].

123. A un père sur la mort de sa fille.

Ta douleur, Du Perrier, sera donc éternelle !
    Et les tristes discours
Que te met en l'esprit l'amitié paternelle
    L'augmenteront toujours [8] !

Le malheur de ta fille, au tombeau descendue
    Par un commun trépas,
Est-ce quelque dédale [9] où ta raison perdue
    Ne se retrouve pas?

Je sais de quels appas [10] son enfance était pleine,
    Et n'ai pas entrepris,

---

1. En prose on dirait le *marc.* — 2 Le sucre, que l'on tire surtout d'Amérique

3. La canne à sucre, comme son nom l'indique. est une espèce de roseau.

4. Le nègre. — 5. Contrée d'Asie.

6. La porcelaine du Japon, renommée pour sa finesse et sa beauté.

7. Le café et le sucre viennent de l'Amérique ou Nouveau-Monde, et la tasse vient de l'Asie, qui, avec l'Europe et l'Afrique. forment ce qu'on nomme l'ancien monde

8. C'est-à-dire, ton amour pour ta fille te fait parler d'elle, et ce que tu en dis augmente encore ta douleur.

9. *Dédale*, labyrinthe, lieu coupé de beaucoup de détours et où l'on s'égare aisément. — 10 *Appas*, charmes. attraits.

Injurieux ami, de soulager ta peine
    Avecque son mépris [1].

Mais elle était du monde où les plus belles choses
    Ont le pire destin [2],
Et rose [3], elle a vécu ce que vivent les roses,
    L'espace d'un matin [4].

La mort a des rigueurs à nulle autre pareilles;
    On a beau la prier,
La cruelle qu'elle est se bouche les oreilles,
    Et nous laisse crier.

Le pauvre en sa cabane, où le chaume le couvre
    Est sujet à ses lois;
Et la garde qui veille aux barrières du Louvre [5]
    N'en défend point nos rois [6].

De murmurer contre elle et perdre patience
    Il est mal à propos :
Vouloir ce que Dieu veut est la seule science
    Qui nous met en repos.

MALHERBE.

124. Le Chameau et le Bossu. (*Fable.*)

    Au son du fifre [7] et du tambour,
Dans les murs de Paris on promenait un jour

---

1. Je ne prétends pas, comme un injuste ami, adoucir ton chagrin en n'en faisant aucun cas. — 2. Les plus belles choses finissent, meurent.

3. La jeune fille avait la fraîcheur, les charmes de la rose, c'est pourquoi l'auteur lui en donne le nom. — 4. C'est-à-dire fort peu de temps.

5. *Louvre*, palais de Paris, qui servait d'habitation aux rois.

6. Rien ne saurait nous défendre contre la mort.

7. *Fifre*, sorte de petite flûte.

Un chameau du plus haut parage [1].
Il était fraîchement arrivé de Tunis [2],
Et mille curieux, en cercle réunis,
Pour le voir de plus près lui fermaient le passage.
Un riche, moins jaloux de compter des amis
Que de voir à ses pieds ramper un monde esclave [3],
 Dans le chameau louait son air soumis;
 Un magistrat aimait son maintien grave,
  Tandis qu'un avare, enchanté,
Ne cessait d'applaudir à sa sobriété [4].
 Un bossu vint, qui dit ensuite :
 « Messieurs, voilà bien des propos [5];
Mais vous ne parlez pas pas de son plus grand mérite.
  Voyez s'élever sur son dos
  Cette gracieuse éminence [6];
  Qu'il paraît léger sous ce poids !
Et combien sa figure en reçoit à la fois
  Et de noblesse et d'élégance! »

En riant du bossu, nous faisons comme lui;
A sa conduite en rien la nôtre ne déroge [7];
Et l'homme tous les jours, dans l'éloge d'autrui,
  Sans y songer fait son éloge.

Le Bailly.

1. Un chameau de la plus belle venue. — 2. Ville du nord de l'Afrique.
3. C'est-à-dire, un riche qui tenait moins à avoir des amis qu'à voir les autres s'abaisser, s'humilier devant lui.

4. Sobriété, modération dans le boire et le manger. — Le chameau est un animal fort sobre.

5. Bien des discours, bien des paroles.

6. La bosse du chameau, que le bossu trouve gracieuse, agréable à la vue.

7. C'est-à-dire, notre conduite ne diffère en rien de celle du bossu.

125. L'Huître et les Plaideurs.

Un jour deux pélerins sur le sable rencontrent
Une huître, que le flot y venait d'apporter :
Ils l'avalent des yeux, du doigt ils se la montrent ;
A l'égard de la dent, il fallut contester [1] ;
L'un se baissait déjà pour amasser la proie ;
L'autre le pousse et dit : « Il est bon de savoir
    Qui de nous en aura la joie.
Celui qui le premier a pu l'apercevoir
En sera le gobeur ; l'autre le verra faire.
    — Si par là l'on juge l'affaire,
Reprit son compagnon, j'ai l'œil bon, Dieu merci !
    — Je ne l'ai pas mauvais aussi,
Dit l'autre, et je l'ai vue avant vous, sur ma vie.
— Eh bien ! vous l'avez vue, et moi je l'ai sentie.
    Pendant tout ce bel incident [2],
Perrin Dandin arrive : ils le prennent pour juge.
Perrin fort gravement ouvre l'huître et la gruge [3],
    Nos deux messieurs le regardant.
Ce repas fait, il dit d'un ton de président :
«Tenez, la cour [4] vous donne à chacun une écaille,
Sans dépens ; et qu'en paix chacun chez soi s'en aille.»

Mettez ce qu'il en coûte à plaider aujourd'hui ;
Comptez ce qu'il en reste à beaucoup de familles !

1. Ils pouvaient la voir ensemble et se la montrer du doigt, mais ils ne pouvaient la manger l'un et l'autre ; de là une contestation, une dispute.

2. *Incident*. difficulté, contestation. — 3. *Gruger*, manger.

4. *La Cour*, le tribunal.

Vous verrez que Perrin [1] tire l'argent à lui,
Et ne laisse aux plaideurs que le sac et les quilles [2].

LA FONTAINE.

126. Le coin du feu.

Suis-je seul, je me plais encore au coin du feu.
De nourrir mon brasier mes mains se font un jeu ;
J'agace mes tisons ; mon adroit artifice
Reconstruit de mon feu l'élégant édifice ;
J'éloigne, je rapproche, et du hêtre [3] brûlant
Je corrige le feu trop rapide ou trop lent.
Chaque fois que j'ai pris mes pincettes fidèles [4],
Partent en pétillant des milliers d'étincelles ;
J'aime à voir s'envoler leurs légers bataillons.
Que m'importent du nord les fougueux tourbillons ?
La neige, les frimas, qu'un froid piquant resserre,
En vain sifflent dans l'air, en vain battent la terre.
Quel plaisir, entouré d'un double paravent [5],
D'écouter la tempête et d'insulter au vent [6] !
Qu'il est doux, à l'abri du toit qui me protége,
De voir à gros flocons s'amonceler la neige !
Tantôt environné d'auteurs [7] que je chéris,

1. C'est-à-dire, le juge.

2. *Ne laisser aux autres que le sac et les quilles*, c'est prendre pour soi ce qu'il y a de meilleur et ne leur laisser que ce qui a peu de prix.

3. Des bûches de hêtre.

4. *Mes pincettes fidèles*, c'est-à-dire, les pincettes que je tiens habituellement au coin du feu.

5. *Entouré d'un double paravent*, c'est-à-dire, quand je suis entouré, etc.

6 De se moquer du vent.

7. Environné de livres.

Je prends, quitte et reprends mes livres favoris ;
Tantôt, prenant en main l'écran géographique [1],
D'Amérique en Asie, et d'Europe en Afrique,
Avec Cook et Forster [2], dans cet espace étroit [3],
Je cours [4] plus d'une mer, franchis plus d'un détroit,
Chemine sur la terre et navigue sur l'onde,
Et fais dans mon fauteuil le voyage du monde.

Delille.

127. L'Orphelin.

Je ne suis pas seul sur la terre
Quand je pense au ciel, bonne mère,
Il me semble que je t'y voi [5] ;
Et la nuit, lorsque je sommeille,
N'ai-je pas le bon Dieu qui veille
      Sur moi?

N'ai-je pas un ange qui m'aime,
Envoyé du Seigneur lui-même
Afin d'éclairer mon chemin?
De l'aile [6] abritant ma jeunesse,
N'offre-t-il pas à ma faiblesse
      Sa main?

N'ai-je pas la Vierge Marie
Qui, m'a-t-on dit, sans cesse prie

---

1 *Ecran*, objet servant à garantir de l'ardeur du feu. — *Ecran géographique,* écran sur lequel on a collé une carte géographique.

2. Célèbres navigateurs.

3. *Cet espace étroit,* l'écran. — 4. Je parcours des yeux.

5. *Voi* pour *vois,* licence poétique nécessitée par la rime.

6. On représente les anges avec des ailes.

Pour nous autres pauvres petits ?
Mon cœur en son pouvoir espère ;
Car elle prie, heureuse mère,
    Son fils ?

Puis au ciel n'ai-je pas encore,
Entre tous les saints que j'implore,
Le saint dont je porte le nom ?
N'ai-je pas le Sauveur lui-même,
Lui, malgré son pouvoir suprême,
    Si bon ?

Oh ! je ne suis pas seul sur terre,
Quand je pense au ciel, bonne mère,
Il me semble que je t'y voi ;
Et la nuit, lorsque je sommeille,
N'ai-je pas le bon Dieu qui veille
    Sur moi ?

C. BEUZEVILLE.

128. L'Enfant et le Miroir. (*Fable*.)

Un enfant élevé dans un pauvre village,
Revint chez ses parents, et fut surpris d'y voir
    Un miroir.
    D'abord il aima son image ;
Et puis par un travers [1] bien digne d'un enfant,
    Et même d'un être plus grand,
    Il veut outrager ce qu'il aime,
Lui fait une grimace, et le miroir la rend.

---

1. Par un caprice.

Alors son dépit est extrême ;
Il lui montre un poing menaçant
Et se voit menacé de même.
Notre marmot fâché s'en vient en frémissant
Battre cette image insolente :
Il se fait mal aux mains. Sa colère en augmente,
Et, furieux, au désespoir,
Le voilà devant ce miroir,
Criant, pleurant, frappant la glace,
Sa mère, qui survient, le console, l'embrasse,
Tarit ses pleurs [1], et doucement lui dit :
« N'as-tu pas commencé par faire la grimace
A ce méchant enfant qui cause ton dépit ? »
— Oui. — Regarde à présent : tu souris, il sourit,
Tu tends vers lui les bras, il te les tend de même ;
Tu n'es plus en colère, il ne se fâche plus :
De la société tu vois ici l'emblême,
Le bien, le mal nous sont rendus. »

FLORIAN.

129. Le Lièvre et la Perdrix. *(Fable.)*

Il ne se faut jamais moquer des misérables :
Car qui peut s'assurer d'être toujours heureux [2]?
Le sage Esope dans ses fables
Nous en donne un exemple ou deux.

---

1. *Tarit ses pleurs*, les fait cesser.

2. Ce motif n'est pas suffisamment moral, car, fût-on assuré d'être toujours heureux, il faudrait encore compatir au malheur. (E. G.)

Celui qu'en ces vers je propose
Et les siens, ce sont même chose.

Le lièvre et la perdrix, concitoyens d'un champ [1],
Vivaient dans un état, ce semble, assez tranquille ;
Quand une meute [2] s'approchant
Oblige le premier à chercher un asile :
Il s'enfuit dans son fort [3], met les chiens en défaut [4],
Sans même en excepter Brifaut [5].
Enfin il se trahit lui-même
Par les esprits sortant de son corps échauffé [6].
Miraut [5], sur leur odeur ayant philosophé [7],
Conclut que c'est son lièvre, et d'une ardeur extrême
Il le pousse ; et Rustaut [5], qui n'a jamais menti,
Dit que le lièvre est reparti.
Le pauvre malheureux vient mourir à son gîte [8].
La perdrix le raille et lui dit :
Tu te vantais d'être si vite !
Qu'as-tu fait de tes pieds? Au moment qu'elle rit,
Son tour vient, on la trouve. Elle croit que ses ailes
La sauront garantir à toute extrémité ;
Mais la pauvrette avait compté
Sans l'autour [9] aux serres cruelles.

LA FONTAINE.

1. Habitant le même champ. — 2. Une troupe de chiens de chasse.

3. *Son fort*, l'endroit qui lui sert de retraite.

4. Leur fait perdre la trace de ses pas.

5. *Brifaut, Miraut, Rustaud*, noms qu'on donne parfois aux chiens de chasse.

6. C'est-à-dire, par l'odeur qu'il laisse après lui.

7. C'est-à-dire, ayant réfléchi sur la cause de leur odeur.

8. *Gîte*, lieu où le lièvre repose. — 9. Sans songer à l'autour, oiseau de proie.

130. Le Chien, le Lapin et le Chasseur.

(Fable.)

César, chien d'arrêt renommé,
Mais trop enflé de son mérite,
Tenait arrêté dans son gîte
Un malheureux lapin, de peur inanimé [1] :
« Rends-toi, lui cria-t-il d'une voix de tonnerre,
Qui fit au loin trembler les peuplades des bois [2].
Je suis César [3], connu par ses exploits [4],
Et dont le nom remplit toute la terre. »
A ce grand nom, Jeannot lapin,
Recommandant à Dieu son âme pénitente,
Demande, d'une voix tremblante :
« Très-sérénissime mâtin,
Si je me rends, quel sera mon destin ?
— Tu mourras.—Je mourrai, dit la bête innocente.
Et si je fuis ? — Ton trépas est certain.
— Quoi ! reprit l'animal qui se nourrit de thym,
Des deux côtés je dois perdre la vie !
Que votre illustre seigneurie
Veuille me pardonner, puisqu'il me faut mourir,
Si j'ose tenter de m'enfuir. »
Il dit, et fuit en héros de garenne [5].
Caton [6] l'aurait blâmé ; je dis qu'il n'eut pas tort,
Car le chasseur le voit à peine
Qu'il l'ajuste, le tire.... et le chien tombe mort !
Que dirait de ceci notre bon La Fontaine ?
Aide-toi, le ciel t'aidera.
J'approuve fort cette morale-là.

Napoléon Bonaparte [7].

1. C'est-à-dire, immobile de peur.
2. C'est-à-dire, les animaux qui habitent les bois.
3. *César*, illustre conquérant de l'antiquité.
4. *Exploit*, action de guerre signalée et mémorable.
5. C'est-à-dire, comme un lapin quand la peur le talonne.
6. Caton, romain célèbre, qui s'ôta la vie pour ne pas tomber entre les mains de César, son vainqueur.
7. Napoléon Bonaparte était élève à l'école de Brienne, quand il composa cette fable.

4

131. La Mère, l'Enfant et les Sarigues[1].
(Fable.)

« Maman, disait un jour à la plus tendre mère
Un enfant péruvien[2], sur ses genoux assis,
Quel est cet animal, qui, dans cette bruyère,
    Se promène avec ses petits ?
Il ressemble au renard. — Mon fils, répondit-elle,
    Du sarigue c'est la femelle.
    Nulle mère pour ses enfants
N'eut jamais plus d'amour, plus de soins vigilants[3].
La nature a voulu seconder sa tendresse,
    Et lui fit, près de l'estomac,
Une poche profonde, une espèce de sac,
Où ses petits, quand un danger les presse,
    Vont mettre à couvert leur faiblesse.
Fais du bruit, tu verras ce qu'ils vont devenir. »
L'enfant frappe des mains ; la sarigue attentive
    Se dresse et, d'une voix plaintive,
Jette un cri ; les petits aussitôt d'accourir[4],
    Et de s'élancer vers la mère,
En cherchant dans son sein leur retraite ordinaire.
    La poche s'ouvre, les petits
    En un moment y sont blottis,
Et disparaissent tous ; la mère avec vitesse
    S'enfuit, emportant sa richeesse.
La péruvienne alors dit à l'enfant surpris :
    « Si jamais le ciel t'est contraire,
Souviens-toi du sarigue, imite-le, mon fils :
L'asile le plus sûr est le sein d'une mère. »

FLORIAN.

132. L'oreiller d'une petite fille.

Cher petit oreiller ! doux et chaud sous ma tête,
Plein de plume choisie, et blanc, et fait pour moi !

---

1. *Sarigue*, petit quadrupède d'Amérique.
2. Habitant du Pérou, dans l'Amérique méridionale.
3. *Vigilant*, attentif, appliqué.
4. Les petits aussitôt se hâtent d'accourir.

Quand on a peur du vent, des loups, de la tempête,
Cher petit oreiller, que je dors bien sur toi !

Beaucoup, beaucoup d'enfants, pauvres, nus et sans mère,
Sans maison, n'ont jamais d'oreiller pour dormir ;
Ils ont toujours sommeil ! O destinée amère !
Maman ! douce maman ! cela me fait gémir !

Et quand j'ai prié Dieu pour tous ces petits anges
Qui n'ont pas d'oreiller, moi j'embrasse le mien ;
Seule dans mon doux nid qu'à tes pieds tu m'arranges,
Je te bénis, ma mère, et je touche le tien.

Je ne m'éveillerai qu'à la lueur première
De l'aube au rideau bleu : c'est si gai de la voir !
Je vais dire plus bas ma plus tendre prière,
Donne encore un baiser, douce maman; bonsoir !

PRIÈRE.

Dieu des enfants, le cœur d'une petite fille,
Plein de prière... écoute !... est ici sous mes mains.
On me parle toujours d'orphelins sans famille.
Dans l'avenir, mon Dieu ! ne fais plus d'orphelins !
Laisse descendre, au soir, un ange qui pardonne,
Pour répondre à des voix que l'on entend gémir ;
Mets sous l'enfant perdu, que sa mère abandonne,
Un petit oreiller qui le fasse dormir !

Mme Desbordes-Valmore.

133. Le jeune mendiant.

Je souffre, le besoin me contraint à le dire ;
Le malheur me retient sous sa méchante loi.
A ce monde bruyant qui paraît vous sourire
Dérobez un regard pour le jeter sur moi.

L'eau pure du Léman [1] vient baigner ma patrie ;
Là, comme vous, jadis, j'eus aussi du bonheur.

1. *Léman*, lac de Genève, en Suisse.

Je suis pauvre à présent, je pleure, je mendie :
Près du beau lac Léman n'est resté que mon cœur.

Je serais sans désir, si vous viviez encore,
Bons parents que vers lui rappela le Seigneur !
Mais je suis repoussé par la main que j'implore,
Et je n'obtiens jamais un mot consolateur.

Du pain, hélas ! voilà ce qu'il faut à ma vie,
Je ne sais point créer d'inutiles besoins ;
Ne fermez pas votre âme à la voix qui supplie :
Pour le pauvre, le ciel a réclamé des soins [1].

Vous n'osez m'approcher !... L'habit de la misère
De celui qu'il recouvre est-il le déshonneur ?
Quand votre œil dédaigneux (ou du moins je l'espère)
S'attache au vêtement, Dieu regarde le cœur.

Il lit au fond du mien ce qu'il a de souffrance,
Ah ! puisse-t-il au vôtre inspirer la pitié !
Donnez ! bien peu suffit à ma frêle existence :
Donnez ! j'ai faim ! j'attends !..... aurais-je en vain
[prié ?

ELISA MERCOEUR.

134. Le nid de fauvette.

Je le tiens, ce nid de fauvette !
Ils sont deux, trois, quatre petits !
Depuis si longtemps je vous guette :
Pauvres oiseaux, vous voilà pris.

Criez, sifflez, petits rebelles,
Débattez-vous ; oh ! c'est en vain :
Vous n'avez pas encore d'ailes ;
Comment vous sauver de ma main ?

Mais quoi ! n'entends-je point leur mère
Qui pousse des cris douloureux ?

1. Soulager les pauvres est un des principaux devoirs que le Sauveur nous
a imposés.

Oui, je le vois, c'est leur père
Qui vient voltiger auprès d'eux.

Ah ! pourrai-je causer leur peine,
Moi qui, l'été, dans les vallons,
Venais m'endormir sous un chêne
Au bruit de leurs douces chansons ?

Hélas ! si du sein de ma mère
Un méchant venait me ravir,
Je le sens bien, dans sa misère,
Elle n'aurait plus qu'à mourir.

Et je serais assez barbare
Pour vous arracher vos enfants !
Non, non, que rien ne vous sépare ;
Non, les voici, je vous les rends.

Apprenez-leur, dans le bocage,
A voltiger auprès de vous.
Qu'ils écoutent votre ramage,
Pour former des sons aussi doux.

Et moi, dans la saison prochaine,
Je reviendrai dans les vallons
Dormir quelquefois sous un chêne
Au bruit de leur jeunes chansons.

BERQUIN.

135. Le Loup et l'Agneau.

La raison du plus fort est toujours la meilleure [1] :
Nous l'allons montrer tout à l'heure.

Un agneau se désaltérait
Dans le courant d'une onde pure.
Un loup survient à jeûn, qui cherchait aventure,
Et que la faim en ces lieux attirait.

---

1. Ce vers ne doit pas être pris au sérieux. La raison des méchants n'est
souvent qu'un prétexte pour opprimer l'innocence

« Qui te rend si hardi de troubler mon breuvage ?
    Dit cet animal plein de rage ;
    Tu seras châtié de ta témérité.
     — Sire, répond l'agneau, que votre majesté
    Ne se mette pas en colère ;
    Mais plutôt qu'elle considère
    Que je me vas [1] désaltérant
       Dans le courant
    Plus de vingt pas au-dessous d'elle ;
Et que par conséquent en aucune façon
    Je ne puis troubler sa boisson.
— Tu la troubles ! reprit cette bête cruelle ;
Et je sais que de moi tu médis l'an passé ?
Comment l'aurais-je fait, si je n'étais pas né ?
    Reprit l'agneau, je tète encor ma mère.
     — Si ce n'est toi, c'est donc ton frère.
    —Je n'en ai point. — C'est donc quelqu'un des
    Car vous ne m'épargnez guère,   [tiens,
    Vous, vos bergers et vos chiens.
On me l'a dit ; il faut que je me venge. »
    Là-dessus, au fond des forêts,
    Le loup l'emporte, et puis le mange,
    Sans autre forme de procès [2].

LA FONTAINE.

186. La première hirondelle.

Voyageuse lointaine [3], oh ! sois la bienvenue,
    C'est bien toi, je t'ai reconnue
    A ton vol savant et léger.
De la famille ailée, au printemps attendue,
Quel autre, comme toi, sait louvoyer [4], plonger,
Raser le sol, planer au milieu de la mer ;
    Et dans le vaste champ des airs
Tracer, en se jouant, mille cercles divers ?

1. On dit également bien *je vas* et *je vais*.
2. Sans autre façon.
3. Les hirondelles nous reviennent d'Afrique au printemps.
4. Voler de manière à n'être pas incommodée par le vent.

Quand ta peuplade [1] se hasarde
A quitter des climats plus doux,
A la tête de l'avant-garde
C'est toi qui, la première, arrives parmi nous.
Sans doute, tu viens reconnaître,
Dans l'angle hospitalier du toit [2] de mon réduit,
La place de ton nid, ou retrouver peut-être
Celui qui l'an passé par ton bec fut construit.
Ton instinct [3] merveilleux, d'un reste de froidure
Brave le retour impuissant ;
Et si le vent du nord pour la frêle verdure
Paraît encore menaçant,
Ton arrivée, heureux augure [4],
M'apprend que la fleur du verger
Peut des frimas tardifs affronter le danger.
Du printemps qui renaît, messagère fidèle [5],
Quand tu parais je crois entendre Philomèle [6] ;
Je respire un air doux, je foule un gazon frais,
Je cherche le bouton de la rose nouvelle ;
Tu fais déjà goûter les biens que tu promets,
Semblable à l'espérance, et moins trompeuse qu'elle[7].

BRESSIER.

137. La Laitière et le Pot au lait. (*Fable.*)

Perrette, sur sa tête ayant un pot au lait,
Bien posé sur un coussinet,
Prétendait arriver sans encombre [8] à la ville.

---

1. La troupe des hirondelles.
2. Un grand nombre d'hirondelles font leurs nids sous les toits.
3. *Instinct*, mouvement intérieur, naturel aux animaux, et qui les fait agir sans le secours de la réflexion.
4. *Augure*, présage, signe par lequel on juge de l'avenir.
5. L'hirondelle est considérée comme la messagère du printemps, parce que son retour annonce celui de la belle saison.
6. *Philomèle*, nom que les poètes donnent au rossignol.
7. L'espérance nous promet souvent des biens qui n'arrivent jamais ; l'hirondelle est moins trompeuse : les beaux jours que son retour promet ne manquent guère d'arriver.
8. Sans accident.

Légère et court vêtue, elle allait à grands pas,
Ayant mis ce jour-là, pour être plus agile,
  Cotillon simple et souliers plats.
  Notre laitière ainsi troussée
  Comptait déjà dans sa pensée
Tout le prix de son lait, en employait l'argent,
Achetait un cent d'œufs, faisait triple couvée ;
La chose allait à bien par son soin diligent.
  « Il m'est, disait-elle, facile
D'élever des poulets autour de ma maison ;
  Le renard sera bien habile
S'il ne m'en laisse assez pour avoir un cochon.
Le porc à s'engraisser coûtera peu de son ;
Il était, quand je l'eus, de grosseur raisonnable ;
J'aurai, le revendant, de l'argent bel et bon,
Et qui m'empêchera de mettre en notre étable,
Vu le prix dont il est, une vache et son veau,
Que je verrai sauter au milieu du troupeau !
  Perrette, là-dessus, saute aussi, transportée ;
Le lait tombe : adieu veau, vache, cochon, couvée.
La dame de ces biens, quittant d'un œil marri [1]
  Sa fortune ainsi répandue,
  Va s'excuser à son mari,
  En grand danger d'être battue.
  Le récit en farce [2] en fut fait :
  On l'appela le *Pot au lait.*

La Fontaine.

138. Le Grillon [3]. (*Fable.*)

  Un pauvre petit grillon,
  Caché dans l'herbe fleurie,
  Regardait un papillon
  Voltigeant dans la prairie.

---

1. D'un œil où se peignait le regret.
2. En plaisanterie.
3. *Grillon* (cri-cri), petit insecte noir qui aime les lieux chauds et qui fait entendre un bruit aigu et perçant.

L'insecte ailé brillait des plus vives couleurs :
L'azur [1], la pourpre [2] et l'or [3] éclataient sur ses ailes :
Jeune, beau, petit-maître, il court de fleurs en fleurs,
    Prenant et quittant les plus belles.
« Ah ! disait le grillon , que son sort et le mien
    Sont différents ! Dame nature
    Pour lui fit tout , et pour moi rien.
Je n'ai point de talent , encore moins de figure ;
Nul ne prend garde à moi , l'on m'ignore ici-bas [4] ;
    Autant vaudrait n'exister pas. »
    Comme il parlait , dans la prairie
    Arrive une troupe d'enfants.
    Aussitôt les voilà courants
Après ce papillon dont ils ont tous envie.
Chapeaux , mouchoirs, bonnets servent à l'attraper.
L'insecte vainement cherche à leur échapper ;
    Il devient bientôt leur conquête [5].
L'un le saisit par l'aile , un autre par le corps ;
Un troisième survient et le prend par la tête.
    Il ne fallait pas tant d'efforts
    Pour déchirer la pauvre bête.
« Oh ! oh ! dit le grillon , je ne suis plus fâché ;
Il en coûte trop cher pour briller dans le monde.
Combien je vais aimer ma retraite profonde !
    Pour vivre heureux , vivons caché. »

FLORIAN.

139. Le Héron [6]. (*Fable.*)

Un jour, sur ses longs pieds, allait je ne sais où
Le héron au long bec, emmanché d'un long cou :
    Il côtoyait une rivière [7].

1. *Azur*, belle couleur bleue.
2. *Pourpre*, rouge foncé tirant sur le violet.
3. *L'or*, c'est-à-dire la couleur de l'or.
4. *On m'ignore ici-bas*, c'est-à-dire, on ne me connait pas, on ne sait pas si j'existe.
5. Il est bientôt en leur pouvoir.
6. Oiseau qui vit principalement de poisson.
7. Il allait le long d'une rivière.

4*

L'onde était transparente , ainsi qu'aux plus beaux
Ma commère la carpe y faisait mille tours   [jours ;
    Avec le brochet , son compère.
Le héron en eût fait aisément son profit :
Tous approchaient du bord ; l'oiseau n'avait qu'à
    Mais il crut mieux faire d'attendre   [prendre.
    Qu'il eût un peu plus d'appétit.
Il vivait de régime [1] , et mangeait à ses heures.
Après quelques moments, l'appétit vint ; l'oiseau ,
    S'approchant du bord , vit sur l'eau
Des tanches [2] qui sortaient du fond de ces demeures.
Le mets ne lui plut pas ; il s'attendait à mieux ,
    Et montrait un goût dédaigneux
    Comme le rat du bon Horace [3].   [fasse
« Moi , des tranches ! dit-il ; moi , héron , que je
Une si pauvre chère ! Et pour qui me prend-on ? »
La tanche rebutée [4] , il trouva du goujon [5].
« Du goujon ! c'est bien là le dîner d'un héron !
J'ouvrirais pour si peu le bec ! aux dieux ne plaise !»
Il l'ouvrit pour bien moins : tout alla de façon ,
    Qu'il ne vit plus aucun poisson.
La faim le prit : il fut tout heureux et tout aise
    De rencontrer un limaçon.
    Ne soyons pas si difficiles :
Les plus accomodants , ce sont les plus habiles ;
On hasarde de perdre , en voulant trop gagner.
    Gardez-vous de rien dédaigner.   La Fontaine.

140. Le Coche [6] et la Mouche. (*Fable.*)

Dans un chemin montant, sablonneux, mal aisé ,
Et de tous les côtés au soleil exposé ,

1. *Vivre de régime*, s'observer beaucoup sur la nature et la quantité des aliments et des boissons. — 2. Poisson d'eau douce plus petit que la carpe.
3. *Horace*, célèbre poète latin. Voyez le numéro 173.
4. Quand la tanche fut rebutée.
5. Petit poisson blanc, beaucoup plus petit que la tanche.
6. *Coche*, espèce de charriot couvert, non suspendu, et dans lequel on voyageait autrefois.

Six forts chevaux tiraient un coche.
Femmes, moine, vieillards, tout était descendu :
L'attelage [1] suait, soufflait, était rendu [2].
Une mouche survient et des chevaux s'approche,
Prétend les animer par son bourdonnement,
Pique l'un, pique l'autre, et pense à tout moment
    Qu'elle fait aller la machine ;
S'assied sur le timon [3], sur le nez du cocher.
    Aussitôt que le char chemine
    Et qu'elle voit les gens marcher,
Elle s'en attribue uniquement la gloire,
Va, vient, fait l'empressée : il semble que ce soit
Un sergent de bataille [4], allant en chaque endroit
Faire avancer ses gens et hâter la victoire.
    La mouche, en ce commun besoin,
Se plaint qu'elle agit seule et qu'elle a tout le soin ;
Qu'aucun n'aide aux chevaux à se tirer d'affaire.
    Le moine disait son bréviaire [5] :
Il prenait bien son temps ! Une femme chantait :
C'était bien de chansons qu'alors il s'agissait !
Dame mouche s'en va chanter à leurs oreilles ;
    Et fait cent sottises pareilles.
Après bien du travail, le coche arrive au haut.
« Respirons maintenant ! dit la mouche aussitôt :
J'ai tant fait que nos gens sont enfin dans la plaine.
Çà, messieurs les chevaux, payez-moi de ma peine. »

Ainsi certaines gens, faisant les empressés,
    S'introduisent dans les affaires :
    Ils font partout les nécessaires,
Et, partout importuns [6], devraient être chassés.

Le même.

1. Les chevaux. — 2. Il ne pouvait plus marcher.

3. *Timon*, pièce d'une voiture, des deux côtés de laquelle on attelle les chevaux.

4. *Sergent de bataille*, se disait autrefois d'un officier général dont la fonction était de ranger les troupes en bataille.

5. *Bréviaire*, livre d'office de chaque jour pour un prêtre.

6. *Fâcheux*, qui fatigue, incommode.

141. L'anniversaire [1]. (*Elégie* [2].)

Hélas ! après dix ans , je revois la journée
Où l'âme de mon père aux cieux est retournée.
L'heure sonne : j'écoute... O regrets ! ô douleurs !
Quand cette heure eut sonné, je n'avais plus de père ;
On retenait mes pas loin du lit funéraire [3]
On me disait : « Il dort », et je versais des pleurs.
Mais du temple voisin quand la cloche sacrée
Annonça qu'un mortel avait quitté le jour ,
Chaque son retentit dans mon âme navrée [4],
    Et je crus mourir à mon tour.
Tout ce qui m'entourait me racontait ma perte ,
Quand la nuit dans les airs jeta son crêpe noir [5],
Mon père à ses côtés ne me fit plus asseoir,
Et j'attendis en vain, à sa place déserte ,
Une tendre caresse et le baiser du soir.
    Je voyais l'ombre auguste et chère
      M'apparaître toutes les nuits [6] ;
      Inconsolable en mes ennuis,
Je pleurais tous les jours, même auprès de ma mère.
Ce long regret , dix ans ne l'ont pas adouci ;
Je ne puis voir un fils dans les bras de son père
Sans dire, en soupirant : « J'avais un père aussi ! »
Son image est toujours présente à ma tendresse.
Ah ! quand la pâle automne aura jauni les bois,
O mon père , je veux promener ma tristesse
Aux lieux où je te vis pour la dernière fois ;
    Sur ces bords que la Somme [7] arrose,
J'irai chercher l'asile où ta cendre repose ;

---

1. *Anniversaire*, époque qui ramène le souvenir d'un événement arrivé à pareil jour une ou plusieurs années auparavant.
2. *Elégie*, poésie dont le sujet est triste et tendre.
3. Du lit de mort
4. *Navrée*, profondement affligée.
5. *Quand la nuit dans les airs jeta son crêpe noir*, c'est-à-dire , quand la nuit vint.
6. C'est-à-dire, *toutes les nuits je voyais mon père en songe.*
7. Petit fleuve de France.

J'irai d'une modeste fleur
Orner ta tombe respectée ,
Et sur la pierre , encor de larmes humectée ,
Redire ce chant de douleur.

MILLEVOYE.

142. La Mère , l'Enfant et les Fleurs.

(Fable.)

Oh ! maman, quels parfums exhale [1] ce parterre !
Disait la jeune Laure, accourant vers sa mère ;
Maman , oh ! je t'en prie, oh ! laisse moi cueillir
Ces bouquets dont l'odeur fait soudain tressaillir.

LA MÈRE.

J'y consens volontiers ; mais, avant tout , ma fille ,
Parmi toutes ces fleurs qui croissent en famille ,
Quelle est celle , dis-moi, qui jette autour de nous
Ce parfum ravissant dont l'empire est si doux ?

L'ENFANT.

Eh ! mais toutes ces fleurs le composent ensemble.

LA MÈRE.   [t'en semble ?

Non , Laure, il n'en est qu'une. Allons , vois , que

L'ENFANT.

Oh ! dans ce cas , maman , je la tiens sous ma main,
Regarde , qu'elle est belle, et quel brillant carmin [2] !

LA MÈRE.

La pivoine [3]... fi donc ! elle peint la sottise ,
Qui , sans art et sans frein , se pavane [4] à sa guise.

1. *Exhaler*, envoyer hors de soi des odeurs, des esprits, des vapeurs.
2 *Carmin* , couleur d'un rouge vif.
5. *Pivoine*, plante à très-grosses fleurs, ordinairement rouges et sans odeur
4. *Se pavaner*, marcher d'une manière fière , superbe, comme un paon qui
fait la roue.

L'ENFANT.

Alors, je le vois bien, c'est celle dont l'éclat
Se compose à la fois d'or [1] pur et d'incarnat [2].

LA MÈRE.

La tulipe !... encor moins, superbe autant que belle,
De la fatuité [3] c'est l'image fidèle.

L'ENFANT.

Eh bien ! donc !... la voici ; négligemment parée,
D'un sombre violet son front est azuré.

LA MÈRE.

L'iris !... de la tristesse, hélas ! elle est l'emblème ;
Mais elle est sans odeur ; va la cueillir toi-même.
Sous l'herbe, maintenant, cherche une pauvre fleur,
Qui revêt de l'iris la modeste couleur.

L'ENFANT.

Quoi ! maman ce serait ?...

LA MÈRE.

        C'est l'humble violette :
Elle fuit le grand jour, dérobe sa retraite ;
Mais l'encens tout divin [4] qu'elle sait exhaler,
Dans son réduit obscur vient nous la décéler [5].
De cette fleur, plus tard, souviens-toi dans le monde.
Le mérite se cache, et l'on voit à la ronde
Plus d'un fat étaler la soie et les rubis [6] ;
Ma fille, il ne faut pas juger sur les habits.

Mme DESBORDES-VALMORE.

1. De la couleur de l'or.
2. *Incarnat*, couleur entre le cerise et le rose.
3. *Fatuité*, impertinence, sottise qui tient à un excès de bonne opinion de soi-même.
4. L'odeur.
5. *Décéler*, découvrir.
6. Diamant rouge.

143. Le Chêne et le Roseau. (*Fable.*)

Le chêne, un jour, dit au roseau :
«Vous avez bien sujet d'accuser la nature :
Un roitelet [1] pour vous est un pesant fardeau ;
Le moindre vent qui d'aventure
Fait rider la face de l'eau,
Vous oblige à baisser la tête ;
Cependant que mon front, au Caucase [2] pareil,
Non content d'arrêter les rayons du soleil,
Brave l'effort de la tempête.
Tout vous est aquilon [3], tout me semble zéphyr [4].
Encor, si vous naissiez à l'abri du feuillage
Dont je couvre le voisinage,
Vous n'auriez pas tant à souffrir ;
Je vous défendrais de l'orage ;
Mais vous naissez, le plus souvent,
Sur les humides bords des royaumes du vent [5]
La nature envers vous me semble bien injuste.
— Votre compassion lui répondit l'arbuste.
Part d'un bon naturel ; mais quittez ce souci :
Les vents me sont moins qu'à vous redoutables ;
Je plie et ne romps pas. Vous avez jusqu'ici,
Contre leurs coups épouvantables,
Résisté sans courber le dos ;
Mais attendons la fin.» Comme il disait ces mots,
Du bout de l'horizon accourt avec furie
Le plus terrible des enfants
Que le nord eût portés jusque-là dans ses flancs [6].
L'arbre tient bon ; le roseau plie.
Le vent redouble ses efforts,

1. Fort petit oiseau.
2. Hautes montagnes qui s'étendent de la mer Noire à la mer Caspienne.
3. Vent violent.
4. Vent léger.
5. C'est-à-dire, *au bord de l'eau.*
6. C'est-à-dire, *le vent du nord le plus terrible qui eût soufflé jusque là.*

Et fait si bien qu'il déracine
Celui de qui la tête au ciel était voisine,
Et dont les pieds[1] touchaient à l'empire des morts[2].

La Fontaine.

144. Portrait de l'âne.

Instruit par un lourdaud, conduit par le bâton,
Sa parure est un bât, son régal un chardon ;
Pour lui Mars[3] n'ouvre pas sa glorieuse école :
Il n'est point conquérant, mais il est agricole ;
Enfant[4], il a sa grâce et ses folâtres jeux ;
Jeune, il est patient, robuste et courageux,
Et paie, en les servant avec persévérance,
Chez ses patrons[5] ingrats sa triste vétérance.
Son service zélé n'est jamais suspendu ;
Porteur laborieux, pourvoyeur assidu,
Entre ses deux paniers de pesanteur égale,
Chez le riche bourgeois, chez la veuve frugale,
Il vient, les reins courbés et les flancs amaigris,
Souvent à jeûn lui-même, alimenter Paris.
Quelquefois, consolé par une chance heureuse,
Il sert de bucéphale[6] à la beauté peureuse ;
Et sa compagne[7], enfin, va dans chaque cité
Porter aux teints flétris les fleurs de la santé.
Il marche sans broncher[8] au bord du précipice,
Reconnaît son chemin, son maître et son hospice[9].
De tous nos serviteurs c'est le moins exigeant :
Il naît, vieillit et meurt sous le chaume indigent.

1. La racine.
2. *A l'empire des morts*, c'est-à-dire, aux enfers, aux lieux souterrains, où les païens croyaient que les âmes allaient après la mort.
3. *Mars*, le dieu de la guerre.
4. C'est-à-dire, quand il est enfant.
5. Ses maîtres.
6. Il sert de monture. — *Bucéphale* était le nom du cheval d'Alexandre-le-Grand.
7. L'ânesse, dont le lait sert à guérir certaines maladies.
8. *Broncher*, faire un faux pas.
9. Son écurie.

Aux injustes rigueurs dont sa fierté s'indigne,
Son malheur patient noblement se résigne.
Enfin, quoique son aigre et déchirante voix
De sa rauque allégresse importune les bois,
Qu'il offense à la fois et les yeux et l'oreille,
Que le châtiment seul en marchant le réveille,
Qu'il soit hargneux [1], revêche [2] et désobéissant,
A force de malheur l'âne est intéressant ;
Aussi, le préjugé [3] vainement le maltraite :
En dépit de l'orgueil, il aura son poète.

DELILLE.

145. La chute des feuilles. (*Elégie.*)

De la dépouille de nos bois [4]
L'automne avait jonché [5] la terre :
Le bocage était sans mystère [6],
Le rossignol était sans voix [7].
Triste et mourant à son aurore [8],
Un jeune malade, à pas lents,
Parcourait une fois encore
Le bois cher à ses premiers ans :
« Bois que j'aime ! adieu... je succombe ;
Votre deuil [9] a prédit mon sort,
Et dans chaque feuille qui tombe
Je vois un présage [10] de mort.
Fatal oracle d'Epidaure [11],
Tu m'as dit : « Les feuilles des bois

---

1. *Hargneux*, querelleur, insociable, d'humeur chagrine.
2. *Revêche*, peu traitable.
3. C'est-à-dire, ceux qui ne regardent que des prétendus défauts.
4. *La dépouille de nos bois*, les feuilles.
5. *Joncher*, parsemer, couvrir.
6. Rien n'était caché dans le bocage, l'œil y pénétrait aisément.
7. Le rossignol ne chantait plus.
8. *Aurore* signifie ici le commencement de la vie, la jeunesse.
9. *Votre deuil*, c'est-à-dire, *la tristesse de votre aspect*.
10. *Présage*, signe par lequel on prédit l'avenir.
11. Ancienne ville de la Grèce, où l'on avait élevé un temple au dieu de la médecine. Par *oracle d'Epidaure*, on entend ici un médecin.

» A tes yeux jauniront encore,
» Mais c'est pour la dernière fois.
» L'éternel cyprès [1] t'environne :
» Plus pâle que la pâle automne,
» Tu t'inclines vers le tombeau.
» Ta jeunesse sera flétrie
» Avant l'herbe de la prairie,
» Avant les pampres [2] du coteau. »
Et je meurs !... De leur froide haleine
M'ont touché les sombres autans [3] ;
Et j'ai vu, comme une ombre vaine,
S'évanouir mon beau printemps.
Tombe, tombe, feuille éphémère [4] !
Voile [5] aux yeux ce triste chemin :
Cache au désespoir de ma mère
La place où je serai demain..... »
Il dit, s'éloigne... et sans retour !...
La dernière feuille qui tombe
A signalé son dernier jour.
Sous le chêne on creusa sa tombe...

Millevoye.

146. La Bague. (Conte.)

Un honnête et vertueux père
Voulut de ses trois fils sonder le caractère.
« Cette bague, dit-il, je l'ai vu mainte fois,
Vous a tentés : elle est à celui de vous trois
Qui dans sa vie a fait l'action la plus belle.
Çà, j'écoute, parlez et ne redoutez rien :
    Dans ce combat où mon cœur vous appelle
Votre juge, mes fils, sera l'amour du bien. »
L'aîné commence ainsi : « J'eus toute la fortune

1. Cyprès, arbre toujours vert, regardé comme le symbole de la mort.
2. Pampre, branche de vigne avec ses feuilles.
3. Autan, vent violent qui souffle les orages.
4. Éphémère, dont l'existence est de courte durée.
5. Cache.

D'un étranger, je l'eus toute chez moi;
   Il n'en existait preuve aucune :
J'ai rendu ce dépôt; est-ce avoir de la foi[1]? »
   —Qui n'en a point devrait mourir de honte !
     La probité n'est qu'un devoir ;
     Il est mal de s'en prévaloir[2].
     Passons. Le second fils racont
     Qu'un enfant, avec un roseau
Jouant au bord d'un lac, était tombé dans l'eau :
   « Il se noyait, je cours, je l'en retire.
     Plus d'un témoin peut vous le dire.
—Vous me les produiriez, répond le père, en vain.
Est-ce généreux? Non, ce n'est qu'être humain.
     Ma bague me resterait-elle ?
J'en aurais, je vous jure, une peine mortelle.
    —J'ai la douleur d'avoir un ennemi,
Récite[3] le dernier : je le vois endormi
     Sur le penchant d'un précipice;
Le moindre mouvement eût fini ses destins[4] :
     Tout mon corps frissonne, je crains
     Qu'en s'éveillant il ne périsse;
Je m'approche sans bruit, le soulève avec soin,
Et fus assez heureux pour le poser plus loin.
—Ah ! s'écria le père, en pleurant de tendresse !
La bague est bien à toi : c'est là de la noblesse! »

GUICHARD.

147. Le mont Saint-Bernard[5]. (*Élégie.*)

   La neige, au loin accumulée,
A torrents épaissis tombe du haut des airs ;
   Et, sans relâche amoncelée,
Couvre du Saint-Bernard les vieux sommets déserts.

---

1. De la probité.

2 *Il est mal de s'en prévaloir*, c'est-à-dire, on ne doit pas chercher à en tirer avantage.

3. Raconte. — 4. Eût fini sa vie.

5. Haute montagne des Alpes, où des religieux ont bâti un hospice pour venir au secours des voyageurs égarés dans les neiges.

Plus de route : tout est barrière.
L'ombre [1] accourt ; et déjà, pour la dernière fois,
Sur la cime [2] inhospitalière [3],
Dans les vents de la nuit l'aigle a jeté sa voix.

A ce cri, d'effroyable augure,
Le voyageur transi n'ose plus faire un pas ;
Mourant, et vaincu de froidure,
Au bord d'un précipice il attend le trépas.

Là, dans sa dernière pensée,
Il songe à son épouse, il songe à ses enfants ;
Sur sa couche affreuse et glacée [4],
Cette image a doublé l'horreur de ses tourments.

C'en est fait, son heure dernière
Se mesure pour lui dans ces terribles lieux,
Et couvrant sa froide paupière,
Un funeste sommeil [5] déjà ferme ses yeux.

Soudain, ô surprise ! ô merveille !
D'une cloche il a cru reconnaître le bruit.
Le bruit augmente à son oreille :
Une clarté subite a brillé dans la nuit.

Tandis qu'avec peine il écoute,
A travers la tempête un autre bruit s'entend :
Un chien jappe, et, s'ouvrant la route [6],
Suivi d'un solitaire [7], approche au même instant.

Le chien, en aboyant de joie,
Frappe du voyageur les regards éperdus :

1. La nuit.
2. *Cime*, la partie la plus haute d'une montagne.
3. *Inhospitalier*, qui n'offre point un refuge assuré.
4. Sur la neige qui lui sert de lit.
5. Le sommeil causé par un froid excessif est ordinairement suivi de la mort
6. Se frayant un chemin à travers la neige.
7. *Solitaire*, religieux qui vit retiré du monde.

La mort laisse échapper sa proie [1],
Et la charité compte un miracle de plus.

CHÊNEDOLLÉ.

148. Le Gland et la Citrouille. (*Fable.*)

Dieu fait bien ce qu'il fait : sans en chercher la preuve
En tout cet univers, et l'aller parcourant,
    Dans les citrouilles je la treuve [2].

    Un villageois, considérant
Combien ce fruit est gros, et sa tige menue :
« A quoi songeait, dit-il, l'auteur de tout cela ?
Il a bien mal placé cette citrouille-là.
    Eh ! parbleu, je l'aurais pendue
    A l'un des chênes que voilà ;
    C'eût été justement l'affaire ;
    Tel fruit, tel arbre, pour bien faire [3].
C'est dommage, Garo, que tu n'es point entré
Au conseil de celui que prêche ton curé [4];
Tout en eût été mieux : car pourquoi, par exemple,
Le gland, qui n'est pas gros comme mon petit doigt,
    Ne pend-il pas en cet endroit?
    Dieu s'est mépris : plus je contemple
Ces fruits ainsi placés, plus il semble à Garo
    Que l'on a fait un quiproquo [5]. »
Cette réflexion embarrassant notre homme :
«On ne dort point, dit-il, quand on a tant d'esprit [6].»
Sous un chêne aussitôt il va prendre son somme.
Un gland tombe : le nez du dormeur en pâtit.
Il s'éveille, et, portant la main sur son visage,
Il trouve encor le gland pris au poil du menton.

1. Le voyageur échappe à la mort, il est sauvé.
2. On disait autrefois, *je treuve* pour *je trouve.*
3. C'est-à-dire, les gros fruits conviennent aux grands arbres.
4. Au conseil de Dieu.
5. Une méprise.
6. Garo trouve que son trop d'esprit l'empêche de dormir; il renonce à pousser plus loin ses réflexions.

Son nez meurtri le force à changer de langage.
« Oh! oh! dit-il, je saigne! Et que serait-ce donc
S'il fût tombé de l'arbre une masse plus lourde,
    Et que ce gland eût été gourde?
Dieu ne l'a pas voulu : sans doute il eut raison ;
    J'en vois bien à présent la cause. »
    En louant Dieu de toute chose
    Garo retourne à la maison.

LA FONTAINE.

149. Le Lièvre et la Tortue. (*Fable.*)

Rien ne sert de courir : il faut partir à point,
Le lièvre et la tortue en sont un témoignage[1].
« Gageons, dit celle-ci, que vous n'atteindrez point
Sitôt que moi ce but. — Sitôt! êtes-vous sage?
    Repartit l'animal léger :
    Ma commère, il vous faut purger
    Avec quatre grains[2] d'ellébore[3].
    — Sage ou non, je parie encore. »
    Ainsi fut fait; et de tous deux
    On mit près du but les enjeux[4].
    Savoir quoi, ce n'est pas l'affaire,
    Ni de quel juge l'on convint[5].
Notre lièvre n'avait que quatre pas à faire;
J'entends de ceux qu'il fait lorsque, près d'être atteint,
Il s'éloigne des chiens, les renvoie aux calendes[6]
    Et leur fait arpenter les landes[7].

1. En fournissent la preuve.
2 *Grain.* petit poids autrefois en usage, surtout dans les pharmacies.
3. Plante que les anciens croyaient propre à guérir la folie. — *Il faut vous purger avec de l'ellébore*, c'est-à-dire, *vous êtes folle.*
4. *Enjeu*, ce qu'on met au jeu en commençant.
5. C'est-à-dire, il importe peu de savoir quels étaient les enjeux et quel était celui qu'on prit pour juge.
6. *Calendes*, premier jour de chaque mois chez les romains. — On ne dit pas *renvoyer aux calendes*, mais *renvoyer aux calendes grecques*, et cela signifie remettre une chose à un temps qui ne viendra jamais, renvoyer bien loin.
7. Terres sablonneuses, incultes, couvertes de bruyères.... — *Arpenter les landes*, courir avec une extrême vitesse.

Ayant, dis-je, du temps de reste pour brouter,
    Pour dormir et pour écouter
D'où vient le vent, il laisse la tortue
    Aller son train de sénateur [1].
    Elle part, elle s'évertue [2],
    Elle se hâte avec lenteur [3].
Lui, cependant, méprise une telle victoire,
    Tient la gageure à peu de gloire [4],
    Croit qu'il y va de son honneur
De partir tard. Il broute, il se repose,
    Il s'amuse à tout autre chose
Qu'à la gageure. A la fin, quand il vit
Que l'autre touchait presque au bout de la carrière,
Il partit comme un trait; mais les élans qu'il fit
Furent vains : la tortue arriva la première.
    « Eh bien ! lui cria-t-elle, avais-je pas raison ?
    De quoi vous sert votre vitesse ?
    Moi l'emporter ! et que serait-ce
    Si vous portiez une maison [5] ? »

Le même.

150. La jeune captive [6]. (*Ode* [7].)

L'épi naissant murît, de la faux respecté [8];
Sans crainte du pressoir, le pampre tout l'été
    Boit les doux présents de l'aurore [9];

---

1. Continuer gravement son chemin.

2. Elle s'efforce pour atteindre le but.

3. Elle va avec lenteur, mais sans perdre un instant.

4. Il croit qu'il y aurait peu de gloire pour lui à l'emporter de vitesse sur la tortue. — *Gageure* se prononce *gajure*.

5. La tortue, comme le limaçon, porte sa maison avec elle. — Que d'enfants, comptant sur leur facilité, ne se mettent à la besogne qu'au dernier moment et se voient dépassés par leurs camarades, moins heureusement doués par la nature !

6. Ces vers furent composés en 1794, pour Mlle de Coigny, pendant sa captivité à Saint-Lazare, où l'auteur se trouvait lui-même enfermé.

7. *Ode*, petit poème divisé en stances ou couplets qu'on pourrait chanter sur le même air.

8. La faux laisse à l'épi naissant le temps de mûrir.

9. Tant que dure l'été, la vigne ne craint point le pressoir. — *Les présents de l'aurore*, la rosée.

Et moi, comme lui belle, et jeune comme lui,
Quoique l'heure présente ait de trouble et d'ennui [1],
   Je ne veux point mourir encore.

Qu'un stoïque [2] aux yeux secs vole embrasser la mort,
Moi je pleure et j'espère ; au noir souffle du nord [3]
   Je plie et relève ma tête.
S'il est des jours amers, il en est de si doux !
Hélas ! quel miel jamais n'a laissé de dégoûts ?
   Quelle mer n'a point de tempête ?

L'illusion féconde habite dans mon sein ;
D'une prison sur moi les murs pèsent en vain,
   J'ai les ailes de l'espérance.
Echappée aux réseaux [4] de l'oiseleur cruel,
Plus vive, plus heureuse, aux campagnes du ciel [5]
   Philomèle [6] chante et s'élance.

Est-ce à moi de mourir ? tranquille je m'endors,
Et tranquille je veille ; et ma veille aux remords
   Ni mon sommeil ne sont en proie ;
Ma bienvenue au jour me rit dans tous les yeux [7] ;
Sur des fronts abattus mon aspect dans ces lieux
   Ranime presque de la joie.

Mon beau voyage encor est si loin de sa fin ! [8]
Je pars, et des ormeaux qui bordent le chemin
   J'ai passé les premiers à peine.
Au banquet de la vie [9], à peine commencé,
Un instant seulement mes lèvres ont pressé
   La coupe en mes mains encor pleine.

Je ne suis qu'au printemps, je veux voir la moisson [10],
Et, comme le soleil, de saison en saison,
   Je veux achever mon année [11],

1. Malgré les ennuis que je ressens. — 2. Homme ferme, inébranlable.
3. *Le noir souffle du nord*, l'aquilon. — 4. Filet pour prendre les oiseaux.
5. *Aux campagnes du ciel*, dans les airs. — 6. Le rossignol.
7. Mon heureuse entrée dans la vie se lit dans tous les yeux.
8 La vie comparée à un voyage. — 9. La vie comparée à un banquet.
10. Je suis jeune encore, je veux atteindre l'âge mûr.
11. La durée de la vie comparée à celle d'une année.

Brillante sur ma tige, et l'honneur du jardin,
Je n'ai vu luire encor que les feux du matin ,
Je veux achever ma journée [1].

André Chénier.

151. Trait d'ingénuité [2] d'une petite fille de quatre ans.

« Mon enfant, disais-je à mon fils,
Encor dans sa tendre jeunesse,
Observe bien ce que je dis :
Au malheur, comme à la vieillesse,
On doit prêter secours et témoigner respect.
Joins donc à ton petit bienfait
Une marque de politesse.
Aussi, mon cher Félix, s'il voyait un vieillard,
Comme on en trouve tant, tombé dans la misère ,
Otait-il son chapeau, même en donnant un liard,
Et ce modique don au vieillard savait plaire.
Ma Clémence, encore tout enfant,
Ayant bien observé son frère,
Certain jour, en nous promenant,
Veut aussi faire son offrande,
Et, pour un pauvre aveugle, à son tour me demande
Un sou qu'elle va lui porter ;
Puis, afin de bien s'acquitter
De cette œuvre de bienfaisance,
Fait une grande révérence
En déposant son sou dans le plateau [3] du chien ;
Puis s'en revient fort satisfaite
De cette aumône si bien faite.
Félix sourit et lui dit : « C'est fort bien ,
Mais à quoi bon ta révérence?
Le pauvre homme n'en voyait rien.

1. La durée de la vie comparée à celle d'un jour.
2. Ingénuité, naïveté, simplicité.
3. Sorte de sébile, d'écuelle de bois , que le chien tenait à sa gueule.

5

— Oui, mon frère, dit ma Clémence,
En toute âme et toute innocence ;
Mais son bon chien, qui me voyait,
En a paru fort satisfait. »

Ne donnez pas à son enfantillage,
Mes chers enfants, un ris moqueur ;
Au zèle, à l'amitié rendre ainsi son hommage [1],
N'est-ce pas l'instinct d'un bon cœur ?
Il est des vertus de tout âge :
Et Dieu qui voit la bonne intention
A dû bénir son action.

Mme MANCEAU.

152. L'Ane et le Chien. (*Fable.*)

Il se faut entr'aider : c'est la loi de nature.
L'âne un jour, pourtant, s'en moqua ;
Et ne sais comme il y manqua,
Car il est bonne créature.
Il allait par pays, accompagné du chien,
Gravement, sans songer à rien,
Tous deux suivis d'un commun maître.
Le maître s'endormit. L'âne se mit à paître ;
Il était alors dans un pré
Dont l'herbe était fort à son gré.
Point de chardons pourtant [2] : il s'en passa pour
Il ne faut pas toujours être si délicat ;   [l'heure.
Et faute de servir ce plat,
Rarement un festin demeure [3].
Notre baudet s'en sut enfin
Passer pour cette fois. Le chien, mourant de faim,
Lui dit : « Cher compagnon, baisse-toi, je te prie ;
Je prendrai mon dîner dans le panier au pain. »

1. En se conduisant ainsi, l'enfant rendait hommage à l'attachement du bon chien pour son maître.
2. L'âne fait son régal d'un chardon.
3. C'est-à-dire, reste servi sans qu'on y touche.

Point de réponse, mot [1] : le roussin d'Arcadie [2]
    Craignît qu'en perdant un moment
    Il ne perdît un coup de dent.
    Il fit longtemps la sourde oreille.
Enfin, il répondit : « Ami, je te conseille
D'attendre que ton maître ait fini son sommeil ;
Car il te donnera, sans faute, à son réveil,
    Ta portion accoutumée :
    Il ne saurait tarder beaucoup. »
    Sur ces entrefaites [3], un loup
Sort du bois et s'en vient, autre bête affamée.
L'âne appelle aussitôt le chien à son secours.
Le chien ne bouge, et dit : « Ami, je te conseille
De fuir, en attendant que ton maître s'éveille ;
Il ne saurait tarder : détale [4] vite et cours.
Que si ce loup t'atteint, casse-lui la mâchoire :
On t'a ferré de neuf, et, si tu me veux croire,
Tu l'étendras tout plat. » Pendant ce beau discours,
Seigneur loup étrangla le baudet sans remède.
    Je conclus qu'il faut qu'on s'entr'aide.

LA FONTAINE.

153. La Carpe et les Carpillons.

« Prenez garde, mes fils, côtoyez moins le bord,
    Suivez le fond de la rivière ;
    Craignez la ligne [5] meurtrière,
Ou l'épervier [6] plus dangereux encor. »
C'est ainsi que parlait une carpe de Seine
A de jeunes poissons qui l'écoutaient à peine.
C'était au mois d'avril : les neiges, les glaçons,

---

1. *Mot,* c'est-à-dire, l'âne ne dit aucun mot.
2. *Roussin,* cheval épais, de moyenne taille. —*Arcadie,* contrée de l'ancienne Grèce, où les ânes étaient abondants. — *Rous in d'Arcadie,* nom que l'on donne à l'âne par dérision.
3. Pendant ce temps-là.
4. *Détaler,* s'enfuir promptement.
5. La ligne du pêcheur
6. *Épervier,* sorte de filet à prendre du poisson.

Fondus par les zéphyrs, descendaient des montagnes;
Le fleuve, enflé par eux, s'élève à gros bouillons,
      Et déborde dans les campagnes.
        « Ah ! ah! criaient les carpillons,
      Qu'en dis-tu, carpe radoteuse [1]?
      Crains-tu pour nous les hameçons [2]?
Nous voilà citoyens de la mer [3] orageuse;
Regarde, on ne voit plus que les eaux et le ciel,
      Les arbres sont cachés sous l'onde;
      Nous sommes les maîtres du monde;
      C'est le déluge universel.
— Ne croyez pas cela, répond la vieille mère ;
Pour que l'eau se retire, il ne faut qu'un instant :
Ne vous éloignez point, et, de peur d'accident,
Suivez, suivez toujours le fond de la rivière.
—Bah! disent les poissons, tu répètes toujours
      Mêmes discours.
Adieu, nous allons voir notre nouveau domaine [4].»
      Parlant ainsi, nos étourdis
      Sortent tous du lit de la Seine,
Et s'en vont dans les eaux qui couvrent le pays.
Qu'arriva-t-il? les eaux se retirèrent,
      Et les carpillons demeurèrent.
      Bientôt ils furent pris
        Et frits.

      Pourquoi quittaient-ils la rivière?
      Pourquoi? Je le sais trop; hélas!
C'est qu'on se croit toujours plus sage que sa mère ;
      C'est qu'on veut sortir de sa sphère [5];
C'est... c'est que... je ne finirais pas.
              FLORIAN.

1. *Radoteur*, qui dit des choses sans raison.
2. *Hameçon*, petit crochet de fer qu'on attache au bout d'une ligne pour prendre du poisson.
3. C'est-à-dire, habitants de la mer.
4. Notre nouvelle propriété
5. *Sortir de sa sphère*, sortir des bornes de son état, de sa condition.

154. La Fauvette. (*Fable.*)

Aux branches d'un tilleul, une jeune fauvette
Avait de ses petits suspendu le berceau.
D'écoliers turbulents une troupe inquiète,
    Cherchant quelque plaisir nouveau,
Aperçut, en passant, le nid de la pauvrette :
Le voir, être tenté, l'assaillir à l'instant,
    Chez ce peuple enclin à mal faire,
    Ce fut l'ouvrage d'un moment;
  Tous, sans pitié, lui déclarant la guerre,
Le pauvre nid, vingt fois, pensa faire le saut ;
    Il n'était si petit marmot
Qui ne fît de son mieux pour y lancer sa pierre.
L'alarme cependant était grande au logis,
La fauvette voyait l'instant où ses petits
    Allaient périr ou subir l'esclavage[1];
Un esclavage, hélas! pire que le trépas.
    Les gens qu'elle voyait là-bas
Etaient assurément quelque peuple sauvage
    Qui ne les épargnerait pas.
    Que faire en ce péril extrême!
Mais que ne fait-on pas pour sauver ce qu'on aime !
    Elle vole au-devant des coups ;
    Pour sa famille elle se sacrifie,
Espérant que ces gens, dans leur affreux courroux,
    Se contenteront de sa vie.
    Aux yeux du peuple scélérat
    Elle va, vient, vole et revole,
S'élève tout à coup, et tout à coup s'abat,
    Fait tant qu'enfin cette race frivole
    Court après elle et laisse là le nid.
Elle amusa longtemps cette maudite engeance,
    Les mena loin, fatigua leur constance,
    Et pas un d'eux ne l'atteignit.

1. C'est-à-dire, tomber entre les mains des enfants.

L'amour sauva le nid, le ciel sauva la mère.
　À ses petits elle devint plus chère.
　Dieu sait la joie et tout ce qu'on lui dit
　À son retour de touchant et de tendre !
Comme ils avaient passé tout ce temps sans rien pren-
Elle apaisa leur faim : puis chacun s'endormit.　[dre,

AUBERT.

155. Pigeon-vole.

Je ne veux pas vieillir, l'avenir me désole ;
Comme on doit s'ennuyer alors qu'on a quinze ans !
Moi je cours tout le jour, je joue à pigeon-vole ,
Et maman prend plaisir à mes jeux innocents.

Je ris lorsqu'à ma sœur je fais donner un gage ,
Et qu'au nom d'un oiseau sa main ne vole pas ,
Puis, j'instruis ma poupée, et lui dis d'être sage ,
Pour que Dieu nous bénisse et nous parle tout bas.

Mais, quand on a quinze ans, dites, que doit-on faire ?
On ne peut plus courir dans les prés et les bois ,
Le front doit être pâle et le regard sévère :
On a, comme un vieillard, des larmes dans la voix [1].

Adieu, mon écureuil, et toi, ma bonne chèvre ,
Tu ne prendras plus part à mes jeux enfantins.
Tu n'approcheras plus ta mamelle à ma lèvre [2],
Après avoir brouté des fleurs dans mes deux mains.

Quand j'aurai mes quinze ans, je ne devrai plus rire ;
Maman ne pourra plus me bercer sur son cœur :
J'aurai, soir et matin, de grands livres à lire ,
Et deviendrai souffrante, ainsi qu'a fait ma sœur.

1. *Avoir des larmes dans la voix*, avoir la voix émue, tremblante.
2. L'exactitude grammaticale veut qu'on dise *approcher de*, et non *approcher à*. Il est vrai que la première manière eût donné une syllabe de trop ; mais l'auteur aurait pu dire : *Tu n'approcheras plus ta mamme de ma lèvre. Mamme* se disait autrefois pour mamelle : « Quoy ! tes blancs doigteletz abandonnent la mamme. » (CLOTILDE DE SURVILLE.)

A quinze ans, la gaîté disparaît et nous quitte ;
Durant les soirs d'hiver s'il vient quelqu'un vous voir,
Ceux qui vous embrassaient en vous voyant petite
A peine à vos côtés osent venir s'asseoir.

Ainsi qu'a fait ma sœur, quelquefois à la brune [1]
J'irai seule pleurer sur le bord d'un ruisseau ;
Et là je confierai mes chagrins à la lune
Quand elle vient mirer son front pâle dans l'eau.

Et toi, mon petit chien, qui traînais ma voiture,
Et que j'ai vu grandir auprès de mon berceau,
Nous n'irons plus tous deux courir à l'aventure ;
Tu ne mangeras plus ta part de mon gâteau.

Mon Dieu ! console-moi, c'est ta sainte parole,
Tu chéris le jeune âge et bénis les enfants :
Que quelquefois encore je joue à pigeon-vole,
Et que bien lentement j'arrive à mes quinze ans.

Maria du Bost, âgée de neuf ans et demi.

156. Adieu d'un jeune poète à la vie.

J'ai révélé mon cœur [2] au Dieu de l'innocence ;
    Il a vu mes pleurs pénitents [3],
Il guérit mes remords, il m'arme de constance [4] :
    Les malheureux sont ses enfants.

Mes ennemis, riant, ont dit dans leur colère :
    Qu'il meure et sa gloire avec lui !
Mais à mon cœur calmé le Seigneur dit en père :
    Leur haine sera ton appui.

A tes plus chers amis ils ont prêté leur rage [5],
    Tout trompe la simplicité ;

1. Vers le commencement de la nuit.
2. *Révéler son cœur,* l'ouvrir, découvrir ce qui s'y passe.
3. Mes larmes de repentir.
4. *Il m'arme de constance,* c'est-à-dire, il m'affermit contre la douleur, l'adversité.
5. C'est-à-dire, ils ont irrité contre toi tes plus chers amis.

Celui que tu nourris court vendre ton image,
    Noire de sa méchanceté.

Mais Dieu t'entend gémir, Dieu, vers qui te ramène
    Un vrai remords né des douleurs ;
Dieu qui pardonne enfin à la nature humaine
    D'être faible dans les malheurs.

J'éveillerai pour toi la pitié, la justice
    De l'incorruptible avenir [1] ;
Eux-mêmes épureront, par leur long artifice,
    Ton honneur qu'ils pensent ternir.

Soyez béni, mon Dieu, vous qui daignez me rendre
    L'innocence et son noble orgueil ;
Vous qui, pour protéger le repos de ma cendre,
    Veillerez près de mon cercueil !

Au banquet de la vie, infortuné convive,
    J'apparus un jour et je meurs :
Je meurs, et sur ma tombe, où lentement j'arrive,
    Nul ne viendra verser des pleurs.

Salut, champs que j'aimais, et vous, douce verdure,
    Et vous riant exil [2] des bois !
Ciel, pavillon de l'homme [3], admirable nature
    Salut pour la dernière fois !

Ah ! puissent voir longtemps votre beauté sacrée
    Tant d'amis sourds à mes adieux !
Qu'ils meurent pleins de jours [4], que leur mort soit
    Qu'un ami leur ferme les yeux !   [pleurée,

GILBERT.

---

1. De la postérité.
2. *Riant exil*, riante solitude.
3. Les poètes comparent quelquefois le ciel à un pavillon, à une vaste tente
dressée au-dessus de nous.
4. Qu'ils meurent dans un âge avancé.

157. Le Château de cartes. *(Fable.)*

Un bon mari, sa femme et deux jolis enfants
Coulaient en paix leurs jours dans le simple ermitage[1]
Où, paisibles comme eux, vécurent leurs parents.
Ces époux, partageant les doux soins du ménage,
Cultivaient leur jardin, recueillaient leurs moissons,
Et le soir, dans l'été, soupant sous le feuillage,
    Dans l'hiver, devant des tisons [2],
Ils prêchaient [3] à leurs fils la vertu, la sagesse ;
Leur parlaient du bonheur qu'elles donnent toujours:
Le père par un conte égayait ses discours,
    La mère par une caresse.
L'aîné de ces enfants, né grave, studieux,
    Lisait et méditait sans cesse ;
Le cadet, vif, léger, mais plein de gentillesse,
Sautait, riait toujours, ne se plaisait qu'aux jeux.
Un soir, selon l'usage, à côté de leur père,
Assis près d'une table ou s'appuyait la mère,
L'aîné lisait Rollin [4] ; le cadet, peu soigneux
D'apprendre les hauts faits des Romains ou des Par-
Employait tout son art, toutes ses facultés   [thes[5],
A joindre, à soutenir par les quatre côtés
    Un fragile château de cartes.
Il n'en respirait pas d'attention, de peur.
    Tout à coup, voici le lecteur
Qui s'interrompt : «Papa, dit-il, daignez m'instruire
Pourquoi certains guerriers sont nommés conqué-
    Et d'autres, fondateurs d'empire :   [rants,
    Ces deux noms sont-ils différents ? »
Le père méditait une réponse sage,
Lorsque son fils cadet, transporté de plaisir,

1. *Ermitage* signifie ici une maison écartée et champêtre.
2. C'est-à-dire, auprès du feu.
3. Ils recommandaient.
4. Auteur d'une histoire ancienne très-estimée.
5. Peuple de l'antiquité, situé à l'est de la mer Caspienne.

Après tant de travail, d'avoir pu parvenir
    A placer son second étage,
S'écrie : « Il est fini ! » Son frère, murmurant,
Se fâche, et d'un seul coup détruit son long ouvrage;
    Et voilà le cadet pleurant.
     « Mon fils, répond le père,
    Le fondateur, c'est votre frère,
    Et vous êtes le conquérant.»

FLORIAN.

158. La prière. (*Hymne* [1].)

    Heureux celui qui sait prier !
    Heureux celui dont la jeune âme,
    Brûlant d'une céleste flamme,
S'élève vers son Dieu, pour le glorifier !

Quand l'astre du matin ramène la lumière,
J'admire son éclat, je bénis son retour ;
Et, le front incliné, j'adresse ma prière
    Au créateur du jour.

Lorsque l'ombre descend du sommet des montagnes[2],
    Quand le doux astre qui la suit [3]
D'un bleuâtre reflet colore nos campagnes,
    J'adore l'auteur de la nuit.

Qu'il est grand, qu'il est bon, le Dieu qui fit le monde !
    Le Dieu qui fut mon créateur,
    Qui daigne parler à mon cœur,
    Et permet que je lui réponde !

    De quels maux puis-je être accablé,
Lorsque je sens qu'il entend ma prière ?
    Est-il quelque douleur amère
Dont, en priant, je ne sois consolé ?

---

1. *Hymne*, cantique en l'honneur de la Divinité.
2. C'est-à-dire, le soir. — 3. La lune.

Quels plaisirs pourraient me séduire [1],
S'ils offensaient ce Dieu si bon ?
Avec un cœur rebelle [2] à son divin empire [3],
Oserais-invoquer [4] son nom ?

Oh ! oui, je l'oserais encore !
Ses bras sont ceux d'un père, ouverts au repentir,
Et le coupable qui l'implore
Est un fils égaré qui veut lui revenir.

Et quand ce fils se prosterne et supplie,
Le chœur des chérubins [5] se met à l'unisson.
« Voyez, dit-il, le pécheur prie,
Entonnons l'hymne du pardon. »

Don sublime ! douce prière !
Toi qui te fais entendre à toute heure, en tous lieux,
Lien du ciel avec la terre,
Quelle âme ne connaît ton charme précieux ?

Qu'es-tu, sinon la voix de l'innocence,
Le regard du pécheur élévé vers les cieux,
Le cri de la reconnaissance,
Ou le soupir du malheureux ?

L. DE JUSSIEU.

159. Le Jardinier, l'Enfant et le Sauvageon [6]. (*Fable.*)

Bien étourdi, comme c'est l'ordinaire,
Un jeune enfant du verger [7] de son père
Interrogeait le jardinier.
« Bon Pierre, que t'a fait ce malheureux pommier ?
Pour le maltraiter de la sorte ?

---

1. *Séduire*, plaire. — 2. *Rebelle*, qui refuse d'obéir. — 3. A sa loi,
4. *Invoquer*, appeler à son secours.
5. *Chérubin*, ange.
6. *Sauvageon*, jeune arbre venu sans culture.
7. *Verger*, lieu planté d'arbres fruitiers.

— Je le greffe, Monsieur, afin qu'il vous rapporte
  Des fruits plus savoureux [1], plus doux :
  Ainsi la voulu la nature.
  Les arbres sont tout comme nous,
  Sans les soins et sans la culture,
  On ne peut rien exiger d'eux.
  Redresser les plus tortueux,
Les tailler, les greffer (que monsieur me pardonne
  L'avis qu'en passant je lui donne),
Des arbres d'un verger c'est l'éducation.
      — La plaisante érudition [2] !
  A t'entendre, la Providence,
Qui voulut nous donner des fruits pour nous nourrir,
Aurait besoin de toi, pour les faire mûrir !
  C'est douter de sa prévoyance,
Et tu parles bien là comme tous les pédants [3].
  Crois-moi, votre ennuyeuse engeance [4]
  Fatigue enfin de sa science,
  Toi les pommiers, eux les enfants.
— Bravo, mon beau monsieur ! Quel morceau d'élo-
  C'est parler comme un Cicéron. [6]   [quence [5] !
  Goûtez, pour votre récompense,
  Quelques fruits de ce sauvageon
Dont votre jeune ardeur prend si bien la défense. »
  A sa bouche, Alfred, enchanté,
Avec empressement porte le fruit sauvage,
  Dont l'amertume et l'âcreté
  Donnent à ce jeune éventé [7]
  Une leçon de jardinage.

1. *Savoureux*, d'un goût agréable.
2. *Erudition*, vaste savoir.
3. *Pédant*, terme injurieux dont on se sert pour désigner ceux qui enseignent les enfants.
4. *Engeance*, race. Quand on l'applique aux personnes, ce terme est injurieux.
5. *Eloquence*, art, talent de bien dire. — *Morceau d'éloquence*, discours où l'on fait preuve de ce talent.
6. *Cicéron*, illustre orateur romain.
7. *Eventé*, léger, étourdi.

De récolter quand viendra la saison,
Alfred s'en souviendra : les défauts de l'enfance,
L'entêtement, l'orgueil et l'ignorance
Sont les fruits de mon sauvageon.

NAUDET.

160. L'ange et l'enfant.

Un ange au radieux [1] visage,
Penché sur le bord d'un berceau,
Semblait contempler son image
Comme dans l'onde d'un ruisseau.

Charmant enfant qui me ressemble,
Disait-il, oh ! viens avec moi.
Viens : nous serons heureux ensemble ;
La terre est indigne de toi.

Là, jamais entière allégresse [2] ;
L'âme y souffre de ses plaisirs :
Les cris de joie ont leur tristesse,
Et les voluptés [3] leurs soupirs.

La crainte est de toutes les fêtes ;
Jamais un jour calme et serein [4]
Du choc ténébreux des tempêtes [5]
N'a garanti [6] le lendemain.

Et quoi ! les chagrins, les alarmes,
Viendraient troubler ce front si pur [7],
Et par l'amertume des larmes
Se terniraient ces yeux d'azur [8].

1. *Radieux*, qui jette des rayons de lumière.
2. *Allégresse*, joie, gaîté. — 3. Les plaisirs des sens.
4. *Un jour calme et serein*, c'est-à-dire un jour où l'on jouit d'une entière tranquillité.
5. Des agitations des tourments de la vie. — 6. N'a mis à l'abri.
7. Avec les années, arrivent les chagrins, les alarmes, et l'agitation que l'âme en ressent se peint en quelque sorte sur le front. Ainsi, le front est troublé de ce qui trouble l'âme elle-même.
8. Ces yeux bleus.

Non, non, dans les champs de l'espace,
Avec moi tu v'as t'envoler !
La Providence te fait grâce
Des jours que tu devais couler.

Que personne, dans ta demeure,
N'obscurcisse ses vêtements [1] ;
Qu'on accueille ta dernière heure
Ainsi que tes premiers moments [2] ;

Que les fronts y soient sans nuage [3] ;
Que rien n'y révèle un tombeau [4] :
Quand on est pur comme à ton âge,
Le dernier jour est le plus beau.

Et, secouant ses blanches ailes,
L'ange, à ces mots, prit son essor [5]
Vers les demeures éternelles [6].
Pauvre mère !... ton fils est mort. »

Reboul.

161. L'œil du Maître. (*Fable*.)

Un cerf s'étant sauvé dans une étable à bœufs,
    Fut d'abord averti par eux
    Qu'il cherchât un meilleur asile.
« Mes frères, leur dit-il, ne me décelez pas [7] ;
Je vous enseignerai les pâtis les plus gras [8] ;
Ce service vous peut quelque jour être utile,
    Et vous n'en aurez point regret. »
Les bœufs, à toute fin, promirent le secret.
Il se cache en un coin, respire et prend courage.

1. C'est-à-dire, ne prenne le deuil.
2. C'est-à-dire, comme un événement heureux. — 3. Sans tristesse.
4. Que rien n'y donne à entendre qu'un tombeau va s'ouvrir.
5. *Prit son essor*, s'envola.
6. Vers le séjour des bienheureux, le ciel.
7. Ne me découvrez pas.
8. Les pâturages qui produisent en abondance les meilleures herbes pour
les bestiaux.

Sur le soir, on apporte herbe fraîche et fourrage ,
   Comme l'on faisait tous les jours ;
L'on va , l'on vient, les valets font cent tours,
L'intendant [1] même ; et pas un d'aventure
     N'aperçut ni cors [2], ni ramure [3],
   Ni cerf enfin. L'habitant des forêts
Rend déjà grâce aux bœufs, attend dans cette étable
Que, chacun retournant au travail de Cérès [4],
Il trouve pour sortir un moment favorable.
L'un des bœufs, ruminant [5], lui dit : — Cela va bien ;
Mais quoi! l'homme aux cent yeux [6] n'a pas fait sa
    Je crains fort pour toi sa venue :   [revue.
Jusque-là, pauvre cerf, né te vante de rien.
Là-dessus le maître entre et vient faire sa ronde.
   « Qu'est-ce ci ? dit-il à son monde [7];
Je trouve bien peu d'herbe en tous ces râteliers.
Cette litière [8] est vieille : allez vite aux greniers.
Je veux voir désormais vos bêtes mieux soignées ;
Que coûte-t-il d'ôter toutes ces araignées [9]?
Ne saurait-on ranger ces jougs [10] et ces colliers? »
En regardant à tout, il voit nne autre bête
Que celles qu'il voyait d'ordinaire en ce lieu.
Le cerf est reconnu : chacun prend un épieu [11] ;
   Chacun donne un coup à la bête.
Ses larmes [12] ne sauraient la sauver du trépas.
On l'emporte, on la sale, on en fait maint repas,

1. Celui qui est chargé de conduire et de surveiller la maison.
2. *Cors* ou *andouillers*, petites cornés qui viennent au bois du cerf et qui en sont comme les branches.
3. *Ramure*, bois du cerf, du daim....
4. Au travail des champs. — 5 *Ruminer*, remâcher.
6. Le maitre, qui voit ce qui se passe chez lui comme s'il avait cent yeux.
7. A ses domestiques.
8. *Litière*, paille qu'on répand dans les écuries , dans les étables, pour que les animaux se couchent dessus.
9. Ces toiles d'araignée.
10. *Joug*, pièce de bois pour atteler les bœufs.
11. *Epieu*, arme à fer plat et aigu, dont on se sert pour la chasse.
12. Le cerf pleure quand il est aux abois , sur le point de mourir.

Dont maint voisin s'éjouit [1] d'être.

Il n'est pour voir que l'œil du maître [2].

LA FONTAINE.

162. La captivité de Babylone [3].

Captifs chez un peuple inhumain,
Nous [4] arrosions de pleurs les rives étrangères,
Et le souvenir du Jourdain [5],
A l'aspect de l'Euphrate [6], augmentait nos misères.

Aux arbres qui couvraient les eaux
Nos lyres tristement demeuraient suspendues,
Tandis que nos maîtres nouveaux
Fatiguaient de leurs cris nos tribus éperdues.

Chantez, nous disaient ces tyrans,
Les hymnes préparés pour vos fêtes publiques;
Chantez, et que vos conquérants
Admirent de Sion [7] les sublimes cantiques.

Ah! dans ces climats odieux,
Arbitre des humains [8], peut-on chanter ta gloire?
Peut-on, dans ces funestes lieux,
Des beaux jours de Sion célébrer la mémoire?

De nos aïeux, sacré berceau,
Sainte Jérusalem, si jamais je t'oublie,
Si tu n'es pas jusqu'au tombeau
L'objet de mes désirs et l'espoir de ma vie.

1. *S'éjouir*, se réjouir.
2. C'est-à-dire, l'œil du maître est le seul qui voie tout.
3. Babylone, ancienne ville d'Asie, où les Juifs furent traînés en captivité par Nabuchodonosor-le-Grand.
4. C'est un des captifs qui parle.
5 *Jourdain*, fleuve de la Palestine.
6. *Euphrate*, fleuve qui traversait Babylone.
7. *Sion*, montagne de Jérusalem où était bâti le temple du Seigneur. Ce mot désigne ici la ville elle-même.
8. *Arbitre des humains*, Dieu.

Rebelle aux efforts de mes doigts,
Que ma lyre se taise entre mes mains glacées !
Et que l'organe de ma voix
Ne prête plus de sons à mes tristes pensées !

Rappelle-toi ce jour affreux,
Seigneur, où d'Esaü la race criminelle
Contre ses frères malheureux
Animait du vainqueur la vengeance cruelle.

« Egorgez ces peuples épars,
Consommez, criaient-ils, les vengeances divines ;
Brûlez, abattez ces remparts,
Et de leurs fondements dispersez les ruines. »

Malheur à tes peuples pervers,
Reine des nations, fille de Babylone !
La foudre gronde dans les airs :
Le Seigneur n'est pas loin ; tremble, descends du
trône.

Puissent tes palais embrâsés
Eclairer de tes rois les tristes funérailles,
Et que, sur la pierre écrasés,
Tes enfants de leur sang arrosent les murailles !

Le Franc de Pompignan.

163. L'Ours et les deux Compagnons.

(Fable.)

Deux compagnons, pressés d'argent [1],
A leur voisin fourreur [2] vendirent
La peau d'un ours encore vivant,   [dirent.
Mais qu'ils tûraient bientôt, du moins à ce qu'ils
C'était le roi des ours : au compte de ces gens,
Le marchand à sa peau devait faire fortune ;
Elle garantirait des froids les plus cuisants ;

---

1. Pressés par le besoin d'argent.
2. Fourreur, artisan qui travaille en pelleterie.

On en pourrait fourrer [1] plutôt deux robes qu'une.
Dindenaut [2] prisait [3] moins ses moutons qu'eux leur ours
Leur [4], à leur compte, et non à celui de la bête.
S'offrant de la livrer, au plus tard dans deux jours,
Ils conviennent de prix et se mettent en quête,
Trouvent l'ours qui s'avance et vient vers eux au trot.
Voilà mes gens frappés comme d'un coup de foudre.
Le marché ne tint pas; il fallut le résoudre [5] :
D'intérêts contre l'ours, on n'en dit pas un mot [6].
L'un des deux compagnons grimpe au faîte d'un arbre;
     L'autre, plus froid que n'est un marbre,
Se couche sur le nez, fait le mort, tient son vent [7],
     Ayant quelque part ouï dire
     Que l'ours s'acharne peu souvent
Sur un corps qui ne vit, ne meut, ni ne respire.
Seigneur ours, comme un sot, donne dans ce panneau [8],
Il voit ce corps gisant [9], le croit privé de vie,
     Et, de peur de supercherie [10],
Le tourne, le retourne, approche son museau,
     Flaire [11] aux passages de l'haleine [12].
« C'est, dit-il, un cadavre; ôtons-nous, car il sent [13] ».
A ces mots, l'ours s'en va dans la forêt prochaine.
L'un de nos deux marchands de son arbre descend,
Court à son compagnon, lui dit que c'est merveille
Qu'il n'ait eu seulement que la peur pour tout mal.
« Eh ! bien, ajouta-t-il, la peau de l'animal ?

---

1. *Fourrer*, garnir de peau avec le poil.
2. *Dindenaut*, marchand de moutons, personnage fictif dont parle Rabelais.
3. *Priser*, mettre le prix à une chose, en faire l'estimation.
4. Ils regardaient déjà l'ours comme leur appartenant.
5. *Résoudre un marché*, le casser, l'annuler.
6. Il ne fut point question d'exiger de l'ours une indemnité pour le dommage causé par la rupture du marché.
7. *Tient son vent*, retient son haleine.
8. *Donner dans le panneau*, se laisser tromper, attraper.
9. Couché, étendu. — 10. De fraude.
11. *Flairer*, sentir par l'odorat.
12. *Les passages de l'haleine*, le nez, la bouche.
13. Il sent mauvais.

Mais que t'a-t-il dit à l'oreille ?
Car il t'approchait de bien près,
Te retournant avec sa serre [1].
— Il m'a dit qu'il ne faut jamais.
Vendre la peau de l'ours qu'on ne l'ait mis par terre [2].

LA FONTAINE.

164. L'Aveugle et le Paralytique [3]. (*Fable.*)

Aidons-nous mutuellement
La charge des malheurs en sera plus légère ;
Le bien que l'on fait à son frère
Pour le mal que l'on souffre est un soulagement.
Confucius [4] l'a dit ; suivons tous sa doctrine [5] :
Pour la persuader aux peuples de la Chine [6],
Il leur contait le trait suivant :
Dans une ville de l'Asie
Il existait deux malheureux,
L'un perclus [7], l'autre aveugle, et pauvres tous les
Ils demandaient au ciel de terminer leur vie ;   [deux.
Mais leurs vœux étaient superflus [8] :
Ils ne pouvaient mourir. Notre paralytique,
Couché sur un grabat [9] dans la place publique,
Souffrait sans être plaint ; il en souffrait bien plus.
L'aveugle, à qui tout pouvait nuire,
Etait sans guide, sans soutien,
Sans avoir même un pauvre chien
Pour l'aimer et pour le conduire.
Un certain jour, il arriva
Que l'aveugle à tâtons, au détour d'une rue,
Près du malade se trouva ;
Il entendit ses cris, son âme en fut émue.

1. Avec sa patte.
2. *Qu'on ne l'ait mis par terre*, c'est-à-dire avant qu'on l'ait mis par terre.
4. *Paralytique*, qui est privé de mouvement.
4. Célèbre philosophe chinois. — 5. Ce qu'il enseigne.
6. *Chine*, vaste contrée à l'est de l'Asie.
7. *Perclus*, paralytique.
8. Etaient inutiles. — 9. *Grabat*, méchant lit.

Il n'est tels que les malheureux
Pour se plaindre les uns les autres.
« J'ai mes maux, lui dit-il, et vous avez les vôtres ;
Unissons-les, mon frère : ils seront moins affreux.
—Hélas ! dit le perclus, vous ignorez mon frère,
    Que je ne puis faire un seul pas ;
    Vous-même vous n'y voyez pas :
A quoi nous servirait d'unir notre misère?
—A quoi ! répond l'aveugle, écoutez : à nous deux,
Nous possédons le bien à chacun nécessaire ;
    J'ai des jambes, et vous des yeux :
Moi, je vais vous porter; vous, vous serez mon guide :
Vos yeux dirigeront mes pas mal assurés ;
Mes jambes, à leur tour, iront où vous voudrez.
Ainsi, sans que jamais notre amitié décide
Qui de nous deux remplit le plus utile emploi,
Je marcherai pour vous, vous y verrez pour moi. »
FLORIAN.

165. Le printemps de l'enfant pauvre.

    Oh ! comme l'hiver était dur !
Combien j'ai vu souffrir ma courageuse mère !
Combien j'ai déploré dans notre asile obscur
    Mon impuissance et sa misère !

    Cependant nous avons vécu,
Nous avons traversé cette saison terrible ;
    Une providence visible
A nos pressants besoins chaque jour a pourvu.

Et voici, maintenant qu'a cessé la froidure,
    Voici revenir le printemps,
Et la douce chaleur, et la fraîche verdure ;
Nouveaux bienfaits de Dieu pour les pauvres enfants

Soleil, dont la chaleur doucement me pénètre,
Que tu me fais plaisir ! que tu me fais de bien !

Près de sa petite fenêtre,
Maman va se chauffer sans qu'il en coûte rien.

Tes rayons sont pour tout le monde ;
Tu n'exiges nul prix pour tes nombreux bienfaits,
Et tu verses les feux de ta clarté féconde [1]
Sur la cabane et le palais.

La commune fontaine, ouverte à l'indigence,
Ne présentera plus ses arides glaçons,
Librement nous y puiserons
Cette eau, premier besoin qu'ignore l'opulence [2].

Que ce printemps nouveau nous promet de douceurs!
Que j'aime ce naissant feuillage !
Le pauvre se console en dormant sous l'ombrage,
Bercé par le zéphyr que parfument les fleurs.

Et voici, près de ma croisée,
Les bons petits oiseaux qui vont faire leurs nids ;
Ils ne me fuiront pas, car, la saison passée,
Alors qu'ils avaient faim, mon pain les a nourris.

Il faut si peu pour satisfaire
Aux modestes besoins du petit passereau !
Tout pauvre que je suis, hélas! dans ma misère,
J'avais encore de quoi secourir un oiseau.

Que grâce en soit rendue au Dieu de la nature,
Qui veille sur tous ses enfants ;
Au Dieu qui donne la pâture
A l'insecte, au lion, aux faibles, aux puissants !

Dieu qui m'as conservé ma mère,
Dieu qui m'as exaucé lorsque je t'ai prié,
Quand tu rends le printemps aux pauvres de la terre,
Que ton nom soit glorifié !

L. DE JUSSIEU.

1. *Fécond*, qui fertilise.
2. *L'opulence*, c'est-à-dire, ceux qui sont très-riches.

166. La Taupe [1] et les Lapins.

Chacun de nous souvent connaît bien ses défauts ;
En convenir, c'est autre chose :
On aime mieux souffrir de véritables maux
Que d'avouer qu'ils en sont cause.
Je me souviens à ce sujet,
D'avoir été témoin d'un fait
Fort étonnant et difficile à croire ;
Mais je l'ai vu, voici l'histoire.
Près d'un bois, le soir, à l'écart,
Dans une superbe prairie,
Des lapins s'amusaient sur l'herbette fleurie
A jouer au colin-maillard.
Des lapins ! direz-vous, la chose est impossible.
Rien n'est plus vrai pourtant : une feuille flexible
Sur les yeux de l'un d'eux en bandeau s'appliquait,
Et puis sous le cou se nouait.
Un instant en faisait l'affaire.
Celui que ce ruban privait de la lumière
Se plaçait au milieu ; les autres alentour
Sautaient, dansaient, faisaient merveilles,
S'éloignaient, venaient tour à tour
Tirer sa queue ou ses oreilles.
Le pauvre aveugle, alors, se retournant soudain [2],
Sans craindre pot au noir [3] jette au hasard sa patte ;
Mais la troupe échappe à la hâte ;
Il ne prend que du vent, il se tourmente en vain,
Il y sera jusqu'à demain.
Une taupe assez étourdie,
Qui sous terre entendit ce bruit,
Sort aussitôt de son réduit

1. Petit quadrupède qui vit sous terre et dont les yeux sont si petits qu'il passe pour n'en pas avoir. Selon l'opinion commune, on suppose ici qu'il n'y voit point.

2. Dans le même instant.

5. Sans craindre de se heurter contre quelque chose.

Et se mêle dans la partie.
Vous jugez que, n'y voyant pas,
Elle fut prise au premier pas.
« Messieurs, dit un lapin, ce serait conscience,
Et !a justice veut qu'à notre pauvre sœur
Nous fassions un peu de faveur ;
Elle est sans yeux et sans défense ;
Ainsi je suis d'avis... — Non, répond avec feu
La taupe, je suis prise, et prise de bon jeu ;
Mettez-moi le bandeau.—Très-volontiers, ma chère ;
Le voici : mais je crois qu'il n'est pas nécessaire
Que nous serrions le nœud bien fort.
— Pardonnez-moi, monsieur, reprit-elle en colère,
Serrez bien, car j'y vois... Serrez, j'y vois encor. »

FLORIAN.

167. Les châteaux en Espagne [1].

On peut bien quelquefois se flatter [2] dans la vie !
J'ai, par exemple, hier mis à la loterie,
Et mon billet, enfin, pourrait bien être bon.
Je conviens que cela n'est pas certain. Oh ! non ;
Mais la chose est possible, et cela doit suffire.
Puis, en me le donnant, on s'est mis à sourire,
Et l'on m'a dit : «Prenez, car c'est là le meilleur.»
Si je gagnais pourtant le gros lot, quel bonheur !
J'achèterai d'abord une ample seigneurie...
Non, plutôt une bonne et grasse métairie ;
Oh ! oui, dans ce canton : j'aime ce pays-ci ;
Et Justine, d'ailleurs, me plaît beaucoup aussi.
J'aurai donc, à mon tour, des gens à mon service !
Dans le commandement je serai peu novice [3] ;
Mais je ne serai point dur, insolent ni fier,
Et me rappellerai ce que j'étais hier ;
Ma foi, j'aime déjà ma ferme à la folie.

1. Projets en l'air, chimères.
2. *Se flatter de réussir,* se persuader qu'on réussira.
3. *Novice,* peu exercé, peu habile.

Moi, gros fermier ! j'aurai ma basse-cour remplie
De poules, de poussins, que je verrai courir ;
De mes mains chaque jour je prétends les nourrir.
C'est un coup d'œil charmant ! Et puis cela rapporte.
Quel plaisir, quand, le soir, assis devant ma porte,
J'entendrai le retour de mes moutons bêlants,
Que je verrai de loin revenir à pas lents,
Mes chevaux vigoureux et mes belles génisses [1] :
Ils sont nos serviteurs, elles sont nos nourrices ;
Et mon petit Victor, sur son âne monté,
Fermant la marche avec un air de dignité !
Je serai plus heureux que monsieur sur un trône.
Je serai riche, riche, et je ferai l'aumône.
Tout bas sur mon passage, on se dira : « Voilà
Ce bon monsieur Victor. » Cela me touchera.
Je puis bien m'abuser ; mais ce n'est pas sans cause.
Mon projet est au moins fondé sur quelque chose...
Sur un billet. Je veux revoir ce cher... Eh ! mais...
Où donc est-il ? Tantôt encore je l'avais.
Depuis quand ce billet est-il donc invisible ?
Ah ! l'aurais-je perdu ? Serait-il bien possible ?
Mon malheur est certain : me voilà confondu.
Que vais-je devenir ? Hélas ! j'ai tout perdu.

COLLIN D'HARLEVILLE.

168. Les deux Renards.

Sur la fin d'un beau jour d'hiver,
Deux renards à la découverte,
Deçà, delà [2], trottaient l'oreille en l'air.
L'un était vieux, et l'autre jeune, alerte.
Dans certain poulailler ils se glissent sans bruit.
Petits poulets, coqs aux sanglantes crêtes [3],
Vous surtout, aimables poulettes,
Cette nuit fut pour vous une éternelle nuit [4].

1. *Génisse*, jeune vache.
2. De côté et d'autre. — 5. Aux crêtes rouges.
4. Une nuit qui ne devait pas finir.

Rien ne fut respecté, ni le sexe, ni l'âge,
   Et Dieu sait si de ce carnage
   Le couple cruel s'applaudit !
Le jeune fit grand'chère [1] avec grand appétit ;
Le vieux à peine osa calmer sa faim extrême.
  « Eh quoi ! dit-il, assis sur un dindon ;
Tout manger en un jour ! ce n'est pas mon système [2] :
Ce reste pour demain doit être encor fort bon ;
Gardons-le, la prudence est une vertu rare.
   — Tu n'es qu'un sot et qu'un avare,
  Répond le jeune en dévorant toujours ;   [jours :
Je veux, puisque j'y suis, m'en donner pour huit
Demain, dis-tu, demain !... Ah ! vive la volaille ;
  A chaque jour suffit, dit-on, son mal [3] ;
   Va, jouissons, faisons ripaille [4] ;
  L'instant qui suit peut nous être fatal. »
Il dit, et croque encore une volaille grasse.
Enfin, il mangea tant, qu'il creva sur la place.
  Fier d'avoir su dompter [5] son appétit,
En regardant le mort, le vieux se réjouit,
Traîne, cache en un coin sa conquête friande,
Et part sans déplorer [6] le destin du glouton.
  Le lendemain, le compagnon,
Au coucher du soleil, revint à la provende [7] ;
Mais le fermier, caché derrière un gros buisson,
  Aussitôt qu'il le voit paraître,
Détache doucement le fidèle *Dragon* ;
Et le dogue élancé, saisissant le vieux traître,
  L'étrangle sans rémission.

Tel est l'homme, à tout âge entraîné par un vice :

1. *Faire grand'chère*, faire grande dépense.
2. Ce n'est pas la manière dont je me conduis.
3. *A chaque jour suffit son mal*, c'est-à-dire, il ne faut pas se tourmenter inutilement sur l'avenir.
4. *Faire ripaille*, faire grand'chère.
5. *Dompter*, maîtriser. — 6. Sans plaindre.
7. *Provende*, provision de vivres

Jeune, avec trop d'ardeur il cherche le plaisir ;
Vieux, subjugué[1] par l'avarice,
Il se prive de tout dans l'espoir de jouir.

FALLET.

169. La Brebis. (*Anecdote.*)

Je passais récemment[2] dans un obscur canton[3],
Où l'on m'a conté, pour notoire[4],
Ce petit fait touchant, qui rappelle l'histoire
De la vache de Fénelon.
Un prélat[5], homme simple et bon,
Respecté, mais surtout chéri dans son domaine[6],
En se rendant un jour à la ville prochaine,
Rencontra sur sa route un beau petit garçon
Qui lui parut en grande peine.
Il allait tristement du coteau vers la plaine,
Guidant son modeste troupeau ,
Et caressait, en pleurant, un agneau.
« Pauvre agneau ! disait-il, tu n'auras plus de mère ;
Elle est perdue au fond du bois.
Hélas ! ma brebis la plus chère
Aujourd'hui n'entend plus ma voix.
Oh ! quand je vais rentrer, quel chagrin pour mon
Le prélat s'était arrêté ,   [père ! »
Et tandis qu'à sa plainte amère
L'enfant s'abandonnait, il l'avait écouté :
« Pauvre petit ! dit-il avec bonté ,
Tu retournes à ta chaumière ;
Si tu n'y trouvais plus ta mère ,
Dis-moi, que ferais-tu ? — Je pousserais des cris.
— Et tes cris, mon enfant, pourraient-ils te la ren-
— Si ma mère pouvait m'entendre,   [dre ?

1 Dominé.
2. *Récemment*, il y a peu de temps.
3. *Un obscur canton*, un canton peu connu. — 4. Pour certain.
5. *Prélat*, prêtre qui a une dignité considérable.
6 C'est-à-dire dans son diocèse.

Elle accourrait près de son fils.
—Tu le crois? Hé bien ! donc, cela devrait t'appren-
Par quel moyen tu peux ramener ta brebis.»   [dre
   Sur le prélat, le petit pâtre
   D'abord jette un regard surpris ;
   Puis, tout à coup il a compris :
   Il saisit son agneau folâtre,
Contre son sein le presse doucement,
Et le force à pousser un triste bêlement.
   Deux ou trois fois il renouvelle
   Cette épreuve, quoique à regret,
   Et voilà que, dans la forêt,
   On entend la brebis qui bêle.
   Le petit de nouveau l'appelle,
Et la pauvre brebis, aux cris de son agneau,
Comme une tendre mère, inquiète et fidèle,
   Accourt rejoindre le troupeau.

De Jussieu.

172. Le Chat, la Belette [1] et le petit Lapin.
(Fable.)

Du palais[2] d'un jeune lapin
Dame belette, un beau matin,
S'empara : c'est une rusée.
Le maître étant absent, ce lui fut chose aisée.
Elle porta chez lui ses pénates[3], un jour
Qu'il était allé faire à l'aurore[4] sa cour
Parmi le thym[5] et la rosée.
Après qu'il eut brouté, trotté, fait tous ses tours,
Jeannot lapin retourne aux souterrains séjours [6].

---

1. *Belette* (*Moustèlo*), petit quadrupède sauvage et carnassier.
2. De la demeure souterraine, du trou.
3. *Pénates*, dieux domestiques des anciens païens. — *Elle porta chez lui ses pénates*, c'est-à-dire, elle alla s'établir chez lui.
4. *Aurore*, lueur brillante et rosée qui précède le lever du soleil. Les anciens en avaient fait une divinité. — *Faire sa cour à l'aurore*, lui présenter ses respects.
5. *Thym* (*férigoulo, pot*), plante odoriférante. •
6 A sa demeure souterraine, à son logis.

La belette avait mis le nez à la fenêtre.
« O dieux hospitaliers ! que vois-je ici paraître ?
Dit l'animal chassé du paternel logis :
    Holà ! madame la belette,
    Que l'on déloge sans trompette [1],
Où je vais avertir tous les rats du pays. »
La dame au nez pointu [2] répondit que la terre
    Etait au premier occupant [3].
    C'était un beau sujet de guerre
Qu'un logis où, lui-même, il n'entrait qu'en rampant !
    « Et quand ce serait un royaume,
Je voudrais bien savoir, dit-elle, quelle loi
    En a pour toujours fait l'octroi [4]
A Jean, fils ou neveu de Pierre ou de Guillaume,
    Plutôt qu'à Paul, plutôt qu'à moi ! »
Jean lapin allégua [5] la coutume et l'usage.
« Ce sont, dit-il, leurs lois qui m'ont de ce logis
Rendu maître et seigneur, et qui, de père en fils,
L'ont de Pierre à Simon, puis à moi Jean transmis.
Le premier occupant est-ce une loi plus sage ?
    — Or bien, sans crier davantage,
Rapportons-nous, dit-elle, à Raminagrobis. »
C'était un chat, vivant comme un dévot ermite,
    Un chat faisant la chattemite [6] ;
Un saint homme de chat, bien fourré [7], gros et gras,
    Arbitre [8], expert [9] sur tous les cas.
    Jean Lapin pour juge l'agrée [10].

1. *Sans trompette*, sans faire de bruit.
2. Au museau pointu.
3. La belette veut dire par là que le trou lui appartient, parce qu'elle l'occupe la première : mais Jean lapin ne l'avait-il pas occupé avant-elle ?
4. *L'octroi*, la concession, le don.
5. *Alléguer*, citer.
6. *Faire la chattemite*, affecter une contenance douce, humble, pour mieux tromper.
7. Ayant le poil très-épais.
8. *Arbitre*, celui qu'on choisit pour terminer un différend.
9. *Expert*, versé dans un art qui s'apprend par l'expérience.
10. *L'agrée*, l'admet.

Les voilà tous deux arrivés
Devant sa majesté fourrée.
Grippeminaud leur dit : « Mes enfants, approchez ,
Approchez, je suis sourd ; les ans en sont la cause.»
L'un et l'autre approcha, ne craignant nulle chose ;
Aussitôt qu'à portée il vit les contestants,
  Grippeminaud, le bon apôtre [1],
Jetant des deux côtés la patte en même temps ,
Mit les plaideurs d'accord en croquant l'un et l'au-
        [tre.
Ceci ressemble fort aux débats qu'ont parfois
Les petits souverains se rapportant aux rois.
        LA FONTAINE.

171. Le Rat de ville et le Rat des champs.

Certain rat de campagne , en son modeste gîte [2],
De certain rat de ville eut un jour la visite.
Ils étaient vieux amis : quel plaisir de se voir !
Le maître du logis veut, selon son pouvoir,
Régaler l'étranger : il vivait de ménage [3],
Mais donnait de bon cœur, comme on donne au vil-
Il va chercher au fond de son garde-manger [lage.
Du lard qu'il n'avait pas achevé de ronger,
Des noix, des raisins secs. Le citadin [4], à table,
Mange du bout des dents [5], trouve tout détestable.
«Pouvez-vous bien, dit-il, végéter [6] tristement,
Dans un trou de campagne enterré tout vivant ?
Croyez-moi ; laissez là cet ennuyeux asile ,
Venez voir de quel air [7] nous vivons à la ville :
Hélas ! nous ne faisons que passer ici-bas ;
Les rats, petits et grands, marchent tous au trépas.
Ils meurent tout entiers [8], et leur philosophie[9]

1. *Bon apôtre* , celui qui contrefait l'homme de bien.
2. *Gîte*, demeure , logis. — 3. Il vivait avec économie.
4. *Citadin*, habitant d'une ville. — 5. Mange très-peu et avec dégoût.
6. Vivre dans une situation obscure.
7. *De quel air*, de quelle manière.
8. C'est-à-dire, chez eux, l'âme ne survit pas au corps.
9. Leur système de conduite.

Doit être de jouir d'une si courte vie,
D'y chercher le plaisir : qui s'en passe est bien fou. »
L'autre, persuadé, saute hors de son trou,
Vers la ville aussitôt ils trottent côte à côte.
Ils arrivent de nuit; la muraille était haute,
La porte était fermée : heureusement, nos gens
Entrent sans être vus, sous le seuil se glissants[1].
Dans un riche logis nos voyageurs descendent,
A la salle à manger promptement ils se rendent.
Sur un buffet ouvert trente plats desservis
Du souper de la veille étalaient les débris.
L'habitant de la ville, aimable et plein de grâce,
Introduit son ami, fait les honneurs, le place ;
Et puis, pour le servir, sur le buffet trottant,
Apporte chaque mets, qu'il goûte en l'apportant.
Le campagnard, charmé de sa nouvelle aisance,
Ne songeait qu'au plaisir et qu'à faire bombance[2],
Lorsqu'un grand bruit de porte épouvante nos rats.
Ils étaient au buffet, ils se jettent en bas,
Courent, mourant de peur, tout autour de la salle :
Pas un trou !... de vingt chats une bande infernale
Par de longs miaulements redouble leur effroi.
« Oh ! oh ! ce n'est pas là ce qu'il me faut, à moi,
Dit le bon campagnard ; mon humble solitude
Me garantit du bruit et de l'inquiétude :
Là, je n'ai rien à craindre, et, si je mange peu,
J'y mange en paix du moins, et j'y retourne. Adieu.
ANDRIEUX.

174. Le Savetier et le Financier[3]. (*Fable.*)

Un savetier chantait du matin jusqu'au soir :
    C'était merveille de le voir,
Merveille de l'ouïr ; il faisait des passages,

---

1. *Se glissants* pour *se glissant*, licence poétique.
2. *Faire bombance*, faire bonne chère.
3. *Financier*, celui qui manie les deniers de l'Etat.

Plus content qu'aucun des sept sages [1].
Son voisin, au contraire, était tout cousu d'or [2],
   Chantait peu, dormais moins encor :
   C'était un homme de finance.
Si, sur le point du jour, parfois il sommeillait,
Le savetier alors en chantant l'éveillait ;
   Et le financier se plaignait
   Que les soins de la Providence
N'eussent pas au marché fait vendre le dormir
   Comme le manger et le boire.
   En son hôtel il fait venir
Le chanteur, et lui dit : «Or ça, sire Grégoire,
Que gagnez-vous par an ?— Par an ! ma foi ! mon-
   Dit, avec un ton de rieur,   [sieur,
Le gaillard savetier, ce n'est point ma manière
De compter de la sorte ; et je n'entasse guère
Un jour sur l'autre [3] : il suffit qu'à la fin
   J'attrape le bout de l'année;
   Chaque jour amène son pain.
Eh bien ! que gagnez-vous, dites-moi, par journée?
Tantôt plus, tantôt moins : le mal est que toujours
(Et sans cela nos gains seraient assez honnêtes),
Le mal est que dans l'an s'entremêlent des jours
   Qu'il faut chômer; on nous ruine en fêtes :
L'une fait tort à l'autre, et monsieur le curé
De quelque nouveau saint charge toujours son prône.
   Le financier riant de sa naïveté,   [trône [4].
Lui dit : « Je veux vous mettre aujourd'hui sur le
Prenez ces cent écus [5] ; gardez-les avec soin,
   Pour vous en servir au besoin. »
Le savetier crut voir tout l'argent que la terre
   Avait, depuis plus de cent ans,

1. Les sept sages de la Grèce. C'étaient des hommes qui se distinguaient par une profonde connaissance de la morale ou des sciences.
2. Etait fort riche.
3. C'est-à-dire, je n'entasse guère ce que je gagne un jour sur ce que je gagne l'autre. — 4. C'est-à-dire, je veux vous rendre aussi heureux qu'un roi.
5. Cent pièces de trois francs, ou leur valeur.

    Produit pour l'usage des gens ;
Il retourne chez lui , dans sa cave il enserre.[1]
    L'argent et sa joie à la fois.
    Plus de chant , il perdit la voix [2]
Du moment qu'il gagna ce qui cause nos peines[3].
    Le sommeil quitta son logis [4] ;
    Il eut pour hôtes les soucis,
    Les soupçons, les alarmes vaines [5].
Tout le jour il avait l'œil au guet [6], et la nuit,
    Si quelque chat faisait du bruit,
Le chat prenait l'argent [7]. A la fin, le pauvre homme
S'en courut chez celui qu'il ne réveillait plus :
 « Rendez-moi , lui dit-il , mes chansons et mon
    Et reprenez vos cent écus. »   [somme ,

                                    LA FONTAINE.

173. L'aumône [8].

Donnez à l'indigent, donnez, heureux du monde,
Vous êtes en tout point semblables à cette onde
Qui, caressant ses bords par des palmiers couverts,
Savoure avec orgueil leur ombre favorable,
Et s'avance pourtant d'un cours invariable,
    Pour se perdre dans les déserts [9].

Donnez ! car de la mort l'inflexible fantôme,
Ne nous laisse emporter , dans son fatal royaume,
    Que nos crimes et nos vertus [10] ;

1. Il enferme. —2. C'est-à-dire, il cessa de chanter.
3. *Ce qui cause nos peines*, c'est-à-dire, de l'argent.
4. C'est-a-dire , il ne dormait plus.
5. C'est-à-dire, il devint inquiet, soupçonneux, défiant.
6. Il épiait ce qui se passait, ce qui se faisait autour de lui.
7. C'est-à-dire , il croyait que le chat prenait l'argent.
8. Cette pièce de vers a été inspirée à l'auteur par les besoins pressants des pauvres et par l'épuisement des ressources de l'*Association de Charité* de Nimes (1829) L'appel du poète fut entendu, et les malheureux, secourus de nouveau , purent le bénir.
9. L'onde, après un cours fortuné, se perd dans les déserts : la prospérité des heureux du monde s'évanouit à la mort.
10. Aucun des biens que nous avons péniblement amassés ici-bas ne nous suit dans le tombeau ; nous n'emportons avec nous que le souvenir de nos bonnes et de nos mauvaises œuvres

Et, parmi les vertus, l'aumône est la plus belle,
La plus belle des fleurs dont l'éclat étincelle
    Sur la couronne des élus [1].

Donnez ! afin qu'ayant parcouru la carrière [2],
Vous puissiez sans gémir regarder en arrière [3],
Et trouver moins amer le moment du trépas [4];
Afin de ne pas voir l'espérance [5] bannie,
Quand vos jours passeront devant votre agonie,
    Que vous ne les maudissiez pas [6].

Donnez ! afin que, même aux terrestres demeures [7],
Le ciel de vos bontés accompagne vos heures,
    Et vous rende en tout triomphants [8];
Afin qu'en vos sillons [9] il sème l'abondance,
Et qu'il tienne les eaux de la fausse science [10]
    Loin des lèvres de vos enfants.....

De l'hydre des partis, l'haleine empoisonnée,
Comme l'hiver enchaîne une onde fortunée [11],
Tient suspendu le cours de nos prospérités [12];
Des milliers de vaisseaux, qui ne pouvaient suffire [13],
La voile maintenant dérobée au zéphyre [14],
    Dorment dans nos ports attristés.

1. La gloire des élus tire son plus bel éclat des aumônes qu'ils ont faites.
2. La carrière de la vie.
3. C'est-à dire, revenir sur vos actions passées.
4. Le souvenir du bien qu'on a fait pendant sa vie, rend moins pénible le moment de la mort.
5. L'espérance de la vie éternelle.
6. Au moment de mourir, on a lieu de maudire les jours qu'on a vécu, s'ils ne sont pas marqués par de bonnes œuvres.
7. *Aux terrestres demeures*, sur la terre
8. C'est-à-dire, vous soit favorable en toutes choses.
9. *En vos sillons*, dans vos champs.
10. *La fausse science*, l'erreur, qui peut entraîner tant de maux à sa suite,
11. Par un froid rigoureux, l'eau se gele et cesse de couler.
12. La France était alors agitée, divisée par les partis ; le commerce languissait et le travail manquait aux ouvriers.
13. Qui ne pouvaient suffire quand le commerce était florissant.
14. La voile pliée maintenant.

6*

Hélas ! dans nos cités, naguère si splendides,
Erre, les bras croisés et les regards avides,
　　Une effrayante oisiveté [1] :
Dans l'atelier désert habite le silence ;
Et l'on a vu frapper la maison de l'aisance
　　D'une soudaine pauvreté [2].

Pénétrez aux réduits de ces tristes familles :
Voyez ! le haillon manque à la pudeur des filles [3] ;
Voyez le désespoir qui sait tout terrasser,
L'enfant dont les besoins ont dévoré les charmes [4],
Qui demande du pain, et dont la mère en larmes
　　Ne peut, hélas ! que l'embrasser.

Seigneur ! notre misère est-elle assez profonde !...
Que ma faible parole en charité féconde,
　　Rende tous les cœurs généreux ;
Faites pleuvoir l'aumône aux accents de ma lyre [5] ;
La vanité n'a point commandé mon délire [6],
　　J'ai chanté pour les malheureux.

REBOUL.

174. Hymne de l'enfant à son réveil.

O Père, qu'adore mon père !
Toi qu'on ne nomme qu'à genoux !
Toi dont le nom terrible et doux
Fait courber le front de ma mère !

On dit que ce brillant soleil
N'est qu'un jouet de ta puissance ;

---

1. Des malheureux, sans ouvrage, erraient dans les rues, sur les places ; on pouvait craindre que, pressés par le besoin, ils ne se livrassent à quelque désordre.

2. Des familles aisées sont devenues pauvres tout-à-coup

3. Les jeunes filles n'ont pas même de haillons pour se couvrir.

4. L'enfant malade de faim.

5. Les anciens chantaient leurs vers en s'accompagnant de la lyre. Bien que cet usage soit passé depuis longtemps, les poètes parlent toujours comme s'il existait encore.

6. La vanité ne m'a point inspiré ces chants. — *Délire* signifie ici l'agitation, le trouble qu'éprouve l'âme du poète, quand il se sent inspiré.

Que, sous tes pieds, il se balance
Comme une lampe de vermeil [1].

On dit que c'est toi qui fais naître
Les petits oiseaux dans les champs,
Et donnes aux petits enfants
Une âme aussi pour te connaître !

On dit que c'est toi qui produis
Les fleurs dont le jardin se pare,
Et que sans toi, toujours avare,
Le verger n'aurait point de fruits.

Aux dons que ta bonté mesure
Tout l'univers est convié [2];
Nul insecte n'est oublié
A ce festin de la nature.

L'agneau broute le serpolet [3],
La chèvre s'attache au cytise [4].
La mouche, au bord d'un vase, puise
Les blanches gouttes de mon lait.

L'alouette a la graine amère
Que laisse envoler le glaneur,
Le passereau suit le vanneur,
Et l'enfant s'attache à sa mère.

Et pour obtenir chaque don
Que chaque jour tu fais éclore,
A midi, le soir, à l'aurore [5],
Que faut-il? Prononcer ton nom !

O Dieu ! ma bouche balbutie [6]
Ce nom, des anges redouté.

1. *Vermeil*, argent doré. — 2. *Convié*, invité.
3. Plante odorante qui croit dans les champs.
4. *Cytise*, arbrisseau à feuilles en trèfle et à fleurs légumineuses d'un très-beau jaune.
5. Le matin. — 6. *Balbutier*, articuler difficilement certains mots.

Un enfant même est écouté
Dans le chœur qui te glorifie.

On dit qu'il aime à recevoir
Les vœux présentés par l'enfance,
A cause de cette innocence
Que nous avons sans le savoir.

On dit que leurs humbles louanges
A son oreille montent mieux ;
Que les anges peuplent les cieux,
Et que nous ressemblons aux anges.

Ah ! puisqu'il entend de si loin
Les vœux que notre bouche adresse,
Je veux lui demander sans cesse
Ce dont les autres ont besoin.

Mon Dieu, donne l'onde aux fontaines,
Donne la plume aux passereaux,
Et la laine aux petits agneaux,
Et l'ombre et la rosée aux plaines.

Donne au malade la santé,
Au mendiant le pain qu'il pleure,
A l'orphelin une demeure,
Au prisonnier la liberté.

Donne une famille nombreuse
Au père qui craint le Seigneur ;
Donne à moi sagesse et bonheur,
Pour que ma mère soit heureuse.

Que je sois bon, quoique petit,
Comme cet enfant [1] dans le temple,
Que chaque matin je contemple,
Souriant au pied de mon lit.

1. Samuel.

Mets dans mon âme la justice,
Sur mes lèvres la vérité ;
Qu'avec crainte et docilité
Ta parole en mon cœur mûrisse,

Et que ma voix s'élève à toi
Comme cette douce fumée
Que balance l'urne embaumée [1]
Dans la main d'enfants comme moi !

LAMARTINE.

175. Les Animaux malades de la peste.

(Fable.)

Un mal qui répand la terreur,
Mal que le ciel en sa fureur
Inventa pour punir les crimes de la terre,
La peste (puisqu'il faut l'appeler par son nom),
Capable d'enrichir en un jour l'Achéron [2],
Faisait aux animaux la guerre.
Ils ne mouraient pas tous, mais tous étaient frappés :
On n'en voyait point d'occupés
A chercher le soutien d'une mourante vie ;
Nul mets n'excitait leur envie ;
Ni loups, ni renards n'épiaient
La douce et l'innocente proie ;
Les tourterelles se fuyaient,
Plus d'amour, partant [3] plus de joie.
Le lion tint conseil, et dit : « Mes chers amis,
Je crois que le ciel a permis
Pour nos péchés cette infortune.
Que le plus coupable de nous
Se sacrifie aux traits du céleste courroux ;
Peut-être il obtiendra la guérison commune.

1. L'encensoir.
2. Achéron (on prononce achéron et akéron), fleuve des enfers, selon les anciens païens. Ce mot désigne ici l'enfer lui-même.
3. Partant, par conséquent.

L'histoire nos apprend qu'en de tels accidents ,
    On fait de pareils dévoûments.
Ne nous flattons donc point ; voyons sans indulgence
    L'état de notre conscience.
Pour moi , satisfaisant mes appétits gloutons ,
    J'ai dévoré force moutons.
    Que m'avaient-ils fait ? Nulle offense.
Même il m'est arrivé quelquefois de manger
    Le berger.
Je me dévoûrai donc [1], s'il le faut , mais je pense,
Qu'il est bon que chacun s'accuse ainsi que moi ;
Car on doit souhaiter , selon toute justice ,
    Que le plus coupable périsse.
— Sire , dit le renard , vous êtes trop bon roi ;
Vos scrupules [2] font voir trop de délicatesse.
Eh bien ! manger moutons , canaille , sotte espèce ,
Est-ce un péché ? Non , non , vous leur fîtes , sei-
    En les croquant , beaucoup d'honneur [gneur,
    Et quant au berger , l'on peut dire
    Qu'il était digne de tous maux ,
Etant de ces gens-là qui sur les animaux
    Se font un chimérique [3] empire.
Ainsi dit le renard , et flatteurs d'applaudir [4].
    On n'osa trop approfondir [5]
Du tigre , ni de l'ours , ni des autres puissances [6] ,
    Les moins pardonnables offenses :
Tous les gens querelleurs , jusqu'aux simples mâtins[7],
Au dire de chacun , étaient de petits saints.
L'âne vint à son tour et dit : J'ai souvenance

1. *Se dévouer*, se sacrifier pour le salut des autres.
2. *Scrupule*, inquiétude de conscience qui fait regarder comme une faute ce qui n'en est pas une, ou comme un crime une faute légère.
3. *Chimérique*, qui n'est pas réel, qui est sans fondement.
4. *Flatteurs d'applaudir*, c'est-à-dire, les flatteurs se hâtèrent d'applaudir.
5. *Approfondir*, pénétrer bien avant dans la connaissance d'une chose.
6. *Des autres puissances*, c'est-à-dire des animaux que leur force ou leur cruauté rendent à craindre.
7. *Mâtin*, sorte de chien.

Qu'en un pré de moines passant,
La faim, l'occasion, l'herbe tendre, et je pense,
Quelque diable aussi me poussant,
Je tondis de ce pré la largeur de ma langue;
Je n'en avais nul droit, puisqu'il faut parler net.
A ces mots on cria haro [1] sur baudet.
Un loup, quelque peu clerc [2], prouva par sa haran- [gue [3]
Qu'il fallait dévouer ce maudit animal,
Ce pelé, ce galeux, d'où venait tout leur mal.
Sa peccadille [4] fut jugée un cas pendable [5].
Manger l'herbe d'autrui! Quel crime abominable!
Rien que la mort n'était capable
D'expier son forfait [6]. On le lui fit bien voir.

Selon que vous serez puissant ou misérable,
Les jugements de cour vous rendront blanc ou noir [7].

LA FONTAINE.

176. Les deux Pigeons. (*Fable.*)

Deux pigeons s'aimaient d'amour tendre :
L'un d'eux, s'ennuyant au logis,
Fut assez fou pour entreprendre
Un voyage en lointain pays.
L'autre lui dit : « Qu'allez-vous faire ?
Voulez-vous quitter votre frère ?
L'absence est le plus grand des maux :
Non pas pour vous, cruel! Au moins que les travaux,
Les dangers, les soins du voyage,
Changent un peu votre courage.
Encor, si la saison s'avançait davantage !
Attendez les zéphyrs [8]; qui vous presse? Un corbeau

---

1. *Crier haro sur quelqu'un*, se récrier avec indignation sur ce qu'il fait ou dit mal à propos.
2. Quelque peu lettré, ayant quelque savoir.
3. Son discours. — 4. *Peccadille*, faute légère.
5. *Cas pendable*, action où l'auteur mérite d'être pendu.
6. Crime énorme. — 7. Innocent ou coupable.
8 C'est-à-dire, attendez le retour de la belle saison.

Tout à l'heure annonçait malheur à quelque oiseau.
Je ne songerai plus que rencontre funeste,
Que faucons [1], que réseaux [2], Hélas ! dirai-je, il
    Mon frère a-t-il tout ce qu'il veut,   [pleut ;
    Bon souper, bon gîte, et le reste ?
    Ce discours ébranla le cœur
    De notre imprudent voyageur :
Mais le désir de voir et l'humeur inquiète
L'emportèrent enfin. Il dit : « Ne pleurez point ;
Trois jours, au plus, rendront mon âme satisfaite.
Je reviendrai dans peu conter de point en point
    Mes aventures à mon frère ;
Je le désennuîrai. Quiconque ne voit guère
N'a guère à dire aussi. Mon voyage dépeint
    Vous sera d'un plaisir extrême.
Je dirai : j'étais là ; telle chose m'avint ;
    Vous y croirez être vous-même. »
A ces mots, en pleurant, ils se dirent adieu.
Le voyageur s'éloigne : et voilà qu'un nuage
L'oblige de chercher retraite en quelque lieu.
Un seul arbre s'offrit, tel encor que l'orage
Maltraita le pigeon en dépit du feuillage.
L'air devenu serein, il part tout morfondu [3],
Sèche du mieux qu'il peut son corps chargé de pluie,
Dans un champ à l'écart voit du blé répandu,
Voit un pigeon auprès ; cela lui donne envie ;
Il y vole, il est pris : ce blé couvrait d'un lacs [4]
    Les menteurs et traîtres appas.
Le lacs était usé ; si bien que, de son aile,
De ses piéds, de son bec, l'oiseau le rompt enfin ;
Quelque plume y périt, et le pis du destin
Fut qu'un certain vautour à la serre cruelle
Vit notre malheureux, qui, traînant la ficelle,

1. *Faucon*, oiseau de proie.
2. *Réseau*, petit rets, filet pour prendre des oiseaux.
3. Refroidi.
4. *Lacs* (prononcez *lá*), nœud coulant qui sert à prendre des oiseaux.

Et les morceaux du lacs qui l'avait attrapé ,
Semblait un forçat échappé.
Le vautour s'en allait le lier [1] , quand des nues
Fond à son tour un aigle aux ailes étendues.
Le pigeon profita du conflit [2] des voleurs ,
S'envola , s'abattit auprès d'une masure [3] ,
Crut , pour ce coup , que ses malheurs
Finiraient par cette aventure :
Mais un fripon d'enfant (cet âge est sans pitié)
Prit sa fronde , et du coup tua plus d'à moitié
La volatile malheureuse ,
Qui maudissant sa curiosité ,
Traînant l'aile et tirant le pied ,
Demi-morte et demi-boîteuse ,
Droit au logis s'en retourna :
Que bien , que mal , [4] elle arriva.
Sans autre aventure fâcheuse.
Voilà nos gens rejoints ; et je laisse à juger
De combien de plaisirs ils payèrent leurs peines ,

Amis, heureux amis , voulez-vous voyager ?
Que ce soit aux rives prochaines.
Soyez-vous l'un à l'autre un monde toujours beau ,
Toujours divers, toujours nouveau.

Le même.

177. L'écolier.

Un tout petit enfant s'en allait à l'école.
On avait dit : Allez !... Il tâchait d'obéir ;
Mais son livre était lourd [5] , il ne pouvait courir.
Il pleure et suit de loin une abeille qui vole.
« Abeille , lui dit-il , voulez-vous me parler ?
» Moi , je vais à l'école ; il faut apprendre à lire ;

---

1. *Lier*, terme de fauconnerie , saisir, enlever la proie.
2. *Conflit*, combat. — 3. Reste d'un bâtiment tombé en ruine.
4. Tant bien que mal.
5. Son livre lui semblait lourd , parce qu'il allait à l'école à contre-cœur.

» Mais le maître est tout noir, et je n'ose pas rire !
» Voulez-vous rire, abeille, et m'apprendre à voler ?
» — Non, dit-elle, j'arrive et je suis très-pressée.
» J'avais froid : l'aquilon m'a longtemps oppressée ;
» Enfin j'ai vu les fleurs, je redescends du ciel,
» Et je vais commencer mon doux rayon de miel.
» Voyez, j'en ai déjà puisé dans quatre roses ;
» Avant une heure encor, nous en aurons d'écloses.
» Vite, vite à la ruche ! on ne rit pas toujours :
» C'est pour faire le miel qu'on nous rend les beaux
Elle fuit et se perd sur la route embaumée.   [jours.
Le frais lilas sortait d'un vieux mur entr'ouvert ;
Il saluait l'aurore, et l'aurore charmée
Se montrait sans nuage et riait de l'hiver.
Une hirondelle passe : elle effleure la joue
Du petit nonchalent qui s'attriste et qui joue ;
Et dans l'air, suspendue, en redoublant sa voix,
Fait tressaillir l'écho, qui dort au fond des bois.
« Oh ! bonjour, dit l'enfant qui se souvenait d'elle ;
» Je t'ai vue à l'automne ; oh ! bonjour, hirondelle ;
» Viens ! tu portais bonheur à ma maison [1], et moi
» Je voudrais du bonheur. Veux-tu m'en donner, toi ?
» Jouons. — Je le voudrais, répond la voyageuse,
» Car je respire à peine, et je me sens joyeuse :
» Mais j'ai beaucoup d'amis qui doutent du printemps[2] ;
» Ils rêveraient ma mort, si je tardais longtemps.
» Non, je ne puis jouer. Pour finir leur souffrance,
» J'emporte un brin de mousse en signe d'espérance.
» Nous allons relever nos palais[3] dégarnis :
» L'herbe croît, c'est l'instant des amours et des nids.
» J'ai tout vu. Maintenant, fidèle messagère,
» Je vais chercher mes sœurs, là-bas sur le chemin.
» Ainsi que nous, enfant, la vie est passagerè ;

1. Dans certains pays, on croit que l'hirondelle porte bonheur à la maison
où elle bâtit son nid.
2. C'est-à-dire, qui doutent que le printemps soit de retour.
3. Nos nids.

» Il faut en profiter. Je me sauve... A demain ! »
L'enfant reste muet ; et , la tête baissée ,
Rêve et compte ses pas , pour tromper son ennui ,
Quand le livre importun dont sa main est lassée ,
Rompt ses fragiles nœuds [1] , et tombe auprès de lui.
Un dogue l'observait du fond de sa demeure.
Stentor [2], gardien sévère et prudent à la fois ,
De peur de l'effrayer retient sa grosse voix.
Hélas ! peut-on crier contre un enfant qui pleure !
« Bon dogue, voulez-vous que je m'approche un peu ?
» Dit l'écolier plaintif ? Je n'aime pas mon livre :
» Voyez ! ma main est rouge ; il en est cause. Au jeu,
» Rien ne fatigue , on rit ; et moi je voudrais vivre
» Sans aller à l'école , où l'on tremble toujours.
» Je m'en plains tous les soirs, et j'y vais tous les jours ;
» J'en suis très-mécontent. Je n'aime aucune affaire [3].
» Le sort des chiens me plaît ; car ils n'ont rien à faire.
» — Ecolier , voyez-vous le laboureur aux champs ?
» Eh bien ! ce laboureur, dit Stentor , c'est mon maître
» Il est très-vigilant [4] ; je le suis plus peut-être.
» Il dort la nuit et moi j'écarte les méchants.
» J'éveille aussi ce bœuf qui, d'un pas lent, mais ferme ,
» Va creuser les sillons, quand je garde la ferme ,
» Pour vous-même on travaille ; et, grâce à vos brebis,
» Votre mère , en chantant , vous file des habits.
» Par le travail, tout plaît, tout s'unit, tout s'arrange.
» Allez donc à l'école ; allez , mon petit ange !
» Les chiens ne lisent pas ; mais la chaîne est pour eux :
» L'ignorance toujours mène à la servitude   [l'étude ;
» L'homme est fin, l'homme est sage ; il nous défend
» Enfant, vous serez homme, et vous serez heureux.
» Les chiens vous serviront. »

1. Rompt la corde dont il est attaché.
2. C'est le nom du chien. — *Stentor* était un guerrier grec dont la voix,
suivant Homère, avait la puissance de cinquante voix d'hommes.
3. Aucune occupation sérieuse.
4 *Vigilant*, attentif, appliqué, qui veille avec soin à ce qu'il doit faire.

    L'enfant l'écouta dire,
Et même il le baisa. Son livre était moins lourd.
En quittant le bon dogue, il pense, il marche, il court.
L'espoir d'être homme un jour lui ramène un sourire.
A l'école, un peu tard, il arriva gaîment,
Et, dans le mois des fruits, il lisait couramment.

Mme DESBORDES-VALMORE.

FIN.

www.ingramcontent.com/pod-product-compliance
Ingram Content Group UK Ltd.
Pitfield, Milton Keynes, MK11 3LW, UK
UKHW022039070726
13613UKWH00002B/592